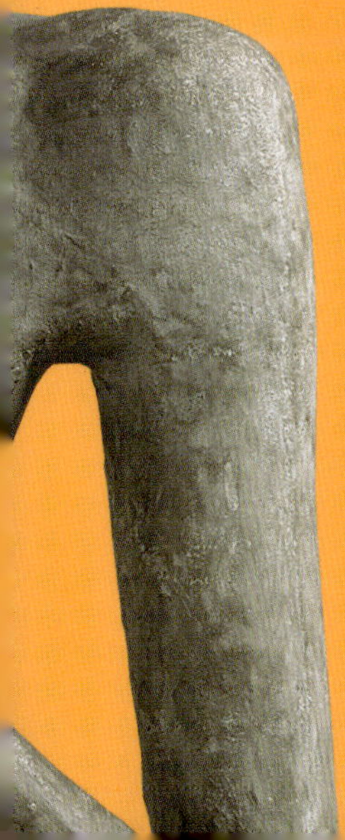

WIENAND^S KLEINE REIHE
DER KÜNSTLERBIOGRAFIEN

ALEXEJ JAWLENSKY
ERNST LUDWIG KIRCHNER
GUSTAV KLIMT
KÄTHE KOLLWITZ
WILHELM LEHMBRUCK
MAX LIEBERMANN
AUGUST MACKE
PAULA MODERSOHN-BECKER
GABRIELE MÜNTER
EGON SCHIELE
MAX SLEVOGT

Marion Bornscheuer

WILHELM LEHMBRUCK

Wienand

Inhalt

Lehmbruck war ein sehr ruhiger und scheinbar schwer zugänglicher Mensch. […] er nahm Interesse an anderen, verfolgte mit Aufmerksamkeit alle Bestrebungen der Zeit. Aber er sprach nur, wenn er ein festes Urteil sich gebildet hatte, und gab dann in einem gelegentlich hingeworfenen Wort mehr als andere, denen Reden leicht fällt.

Paul Westheim in: *Wilhelm Lehmbruck*, 1919

Melancholie und Humor

Wilhelm Lehmbruck gilt heute als einer der wichtigsten deutschen Bildhauer des 20. Jahrhunderts. Unser Bild von ihm ist maßgeblich durch seine nachdenklichen, melancholischen Plastiken geprägt, die vor dem und während des Ersten Weltkriegs entstehen, sowie durch Überlieferungen von seinen Zeitgenossen, die ihn als schweigsam und mürrisch beschreiben. Der Kunstsammler und -literat Paul Westheim, der in Lehmbrucks Todesjahr eine gemeinsam mit dem Künstler erarbeitete Lehmbruck-Biografie publiziert, beschreibt ihn darin als Menschen, „der in seiner Lebensart und seinem Schaffenscharakter so gar nichts vom leicht beschwingten Rheinländer an sich hatte." Der Kunstkritiker Julius Meier-Graefe, der zur gleichen Zeit wie Lehmbruck in Paris lebt und ihn nicht nur öfter in seinem Atelier besucht, sondern auch kleinere Arbeiten von ihm kauft, bezeichnet Lehmbruck als „mittelgroßen stämmigen Bauernjungen, blond, wortkarg, westfälischer Akzent." Und Elisabeth Bergner, die in ihrer Jugend von Lehmbruck sehr verehrt wurde, schreibt 1977 an Dietrich Schubert, den Autor des Werkverzeichnisses von Lehmbrucks Plastiken, „dass Lehmbruck ein Schweiger war – der schweigsamste Mensch, den ich je getroffen habe."

Eine der Plastiken, die diesen introvertierten Charakterzug am deutlichsten reflektiert, ist der *Sitzende Jüngling* von 1916/17. Lehmbrucks Figur drückt in dem mutlos gesenkten Kopf und in der instabilen Haltung – ihr rechter Fuß ist vom Grund gelöst, sodass der stützende Schenkel nach rechts wegzukippen und die Figur in sich zusammenzubrechen droht – Hoffnungslosigkeit aus und kann geradezu als Sinnbild der Melancholie gelten. Dies entspricht in Lehmbrucks letzten Lebensjahren zunehmend seinem Gemütszustand. Der Literat Fritz von Unruh, der Lehmbruck in Zürich wiederholt in seinem ungemütlich kalten, dunklen Garagenatelier besucht, berichtet über seinen letzten Kontakt zu dem Bildhauer „nach Kriegsschluß", dass dieser sich „in tiefster Depression" befunden habe. Kurz darauf wählt Lehmbruck am 25. März 1919 den Freitod.

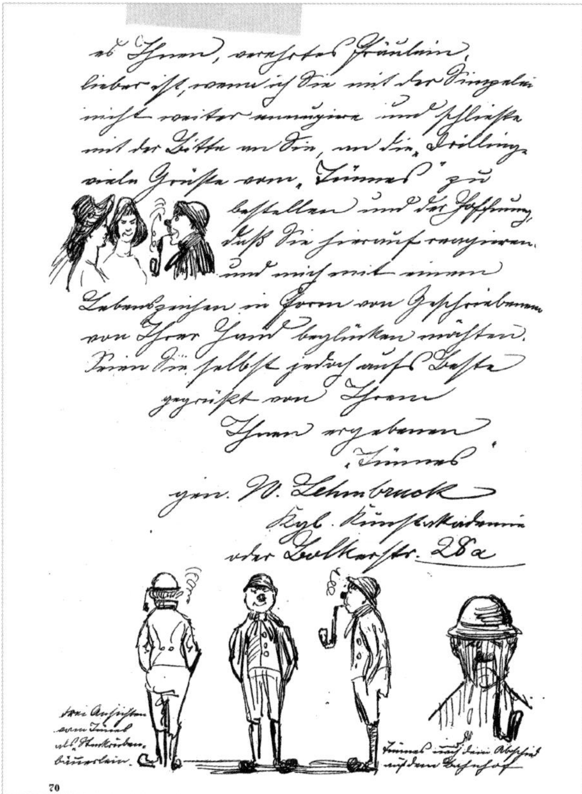
ist Ihnen, verehrtes Fräulein,
lieber ist, wenn ich Sie mit der [illegible]
nicht weiter [illegible] und schließe
mit der Bitte an Sie, an die „Drillinge“
viele Grüße vom „Tünnes“ zu
bestellen und der Hoffnung
daß Sie hierauf reagieren
und mich mit einem
Lebenszeichen in Form von Geschriebenem
von Ihrer Hand beglücken möchten.
Seien Sie selbst jedoch aufs Beste
gegrüßt von Ihrem
Ihnen ergebenen
„Tünnes“
gez. W. Lehmbruck
Kgl. Kunstakademie
oder Bolkerstr. 28a

Wilhelm Lehmbruck, Brief an Else Woisin (Auszug), 24. Februar 1904

Neben der von den Zeitgenossen kontinuierlich überlieferten schweigsamen und schwermütigen Seite besitzt Lehmbruck aber auch Leichtigkeit und Humor. Als Student der Düsseldorfer Kunstakademie schreibt er im Februar 1904 einen langen, mit Karikaturen versehenen Brief an die junge Else Woisin aus Mülheim an der Ruhr, die er seit einem Jahr kennt. Jetzt hat er sie auf dem Karnevalsfest im „Malkasten“ in Düsseldorf wiedergetroffen, auf dem sie mit zwei Freundinnen im gleichen Kostüm als „Drilling“ erschienen ist. Durch die Maskerade kam es an dem Abend zu lustigen Verwechslungen und zur immer wiederkehrenden Anrede „liebes Fräulein Drilling“. Lehmbruck selbst trat als „Tünnes als Steckrübenbäuerlein“ auf. Er erinnert an seine

Verkleidung am Ende des Briefes in Zeichnungen aus drei Ansichten. Eine den Brief einleitende Zeichnung zeigt ihn als zufrieden grinsenden und rauchenden „Tünnes", der die „Drillinge erblickt". Die letzte Skizze auf dem Briefbogen schließt die narrative Klammer und zeigt den allein zurückbleibenden „Tünnes nach dem Abschied auf dem Bahnhof" mit buchstäblich tränenüberströmtem Gesicht. Lehmbruck besitzt also Witz und vermag bei aller Ernsthaftigkeit auch Feiern und Abende in gelöster Stimmung zu genießen.

Auch seine frühen Plastiken sind heiter. 1899 fertigt er mit gerade 18 Jahren in seinem letzten Studienjahr an der Düsseldorfer Kunstgewerbeschule die Büste von „Onkel Nolte" an, einer Figur aus Wilhelm Buschs *Die fromme Helene*, die auf dem Sockel das humorvoll-ironische Zitat aus dem Epilog trägt: „Das Gute – dieser Satz steht fest – ist stets das Böse, das man lässt!" Zwei Jahre später, Lehmbruck ist gerade an die Kunstakademie Düsseldorf aufgenommen worden, entsteht 1901 als freie Variation zu Wilhelm Busch die Gipsfigur *Schusterjunge*, nun mit einer Inschrift in rheinischem Platt: „Ik bräng de Stiwele". Leider ist die Figur nur in stark beschädigtem Zustand überliefert, sie bezeugt aber auch so Lehmbrucks durchaus rheinischen Humor. Es handelt sich bei ihr um die einzige Plastik, der Lehmbruck bewusst Komik verleiht.

Lehmbruck ist außerdem nicht abgeneigt, seine künstlerischen Erfolge gebührend zu feiern. Ein Foto des Banketts, das anlässlich der Werkbundausstellung in Köln im Jahr 1912 gegeben wird, zeigt ihn zusammen mit seiner Frau Anita rechts in der zweiten Reihe. Im Jahr zuvor hat Lehmbruck auch die Ausstellungspremiere seiner *Knienden* im Pariser Grand Palais mit Delikatessen gebührlich gefeiert, die weit über sein schmales Budget hinausgingen, denn „er liebte Hummer".

Lehmbrucks humorvolle Seite zeigt sich selbst dann noch, als er nach dem Ausbruch des Ersten Weltkriegs zu seinem großen Bedauern das weltoffene Paris verlassen und in die Enge des konventionsgebunde-

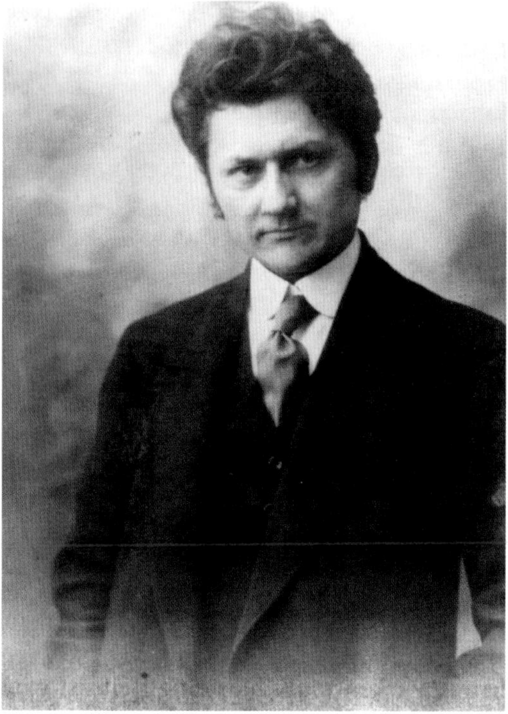

Wilhelm Lehmbruck,
Schwarz-Weiß-Fotografie,
21. Januar 1913

nen Berlin zurückkehren muss. So parodiert er in einer hier nicht abgebildeten Fotografie mit gekrauster Stirn und einem verschmitzten Lächeln die Pose des *Emporsteigenden Jünglings*, seiner letzten aus der Pariser Zeit erhaltenen großformatigen Figur, die zwischen 1913 und 1914 als Sinnbild einer geistdurchdrungenen Jugend entsteht und Lehmbrucks Hoffnung auf ein neues Menschheitsideal ausdrückt.

Lehmbruck ist demnach weit mehr als der „westfälische Bauer", als den ihn Julius Meier-Graefe beschreibt. Im Gegenteil: Er ist ein äußerst feinsinniger, sensibler und gebildeter Mensch, ausgestattet mit einer guten Portion Humor und der Fähigkeit, über sich selbst zu lachen. Nicht zu vergessen ist der Genussmensch Lehmbruck, der ausschweifend zu feiern vermag und auch einmal über die Stränge schlägt.

Jugend in Meiderich

An einem winterlich kalten Dienstag kommt Heinrich Wilhelm Lehmbruck am 4. Januar 1881 als viertes von acht Kindern in Meiderich zur Welt. Seine Eltern, Johann Wilhelm Lehmbruck und Margareta Elisabeth Lehmbruck, geborene Wüstmann, stammen beide aus Bauernfamilien, die im knapp 40 Kilometer entfernten Gahlen an der Lippe beheimatet sind. Seit 1877 bewohnen sie ein kleines Haus in der Oberhausener Straße 76, das Lehmbrucks Vater auf einem mithilfe einer Erbschaft erworbenen Grundstück gebaut hat. Auch ein Kuh- und Schweinestall gehört dazu, um die Versorgung der Familie mit Grundnahrungsmitteln zu sichern. Heute ist das Haus, das nun in der zu Ehren des Bildhauers umbenannten Lehmbruckstraße 16 steht, renoviert und privat bewohnt, aber das Grundstück besitzt noch nahezu seine ursprünglichen Grenzen.

Gegen Ende des 19. Jahrhunderts ist die Ortschaft Meiderich provinziell. Sie wird landläufig als „größtes Dorf Preußens“ bezeichnet und hat im Jahr 1880 rund 13 300 Einwohner. Zugleich ist sie durch die wachsende Industrialisierung geprägt. Seit 1866 verbindet die Bergisch-Märkische Eisenbahn, die auch die Erzeugnisse der Rheinischen Stahlwerke transportiert, Meiderich mit Mülheim an der Ruhr und Duisburg. Eine zentrale Trinkwasserversorgung wird erst 1891 eingerichtet.

Geburtshaus Wilhelm Lehmbrucks in der Oberhausener Straße in Meiderich, die später zu Ehren des Bildhauers in Lehmbruckstraße umbenannt wurde, undatiert

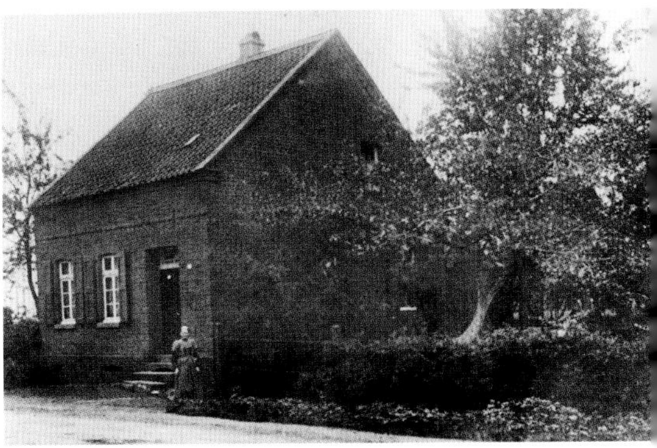

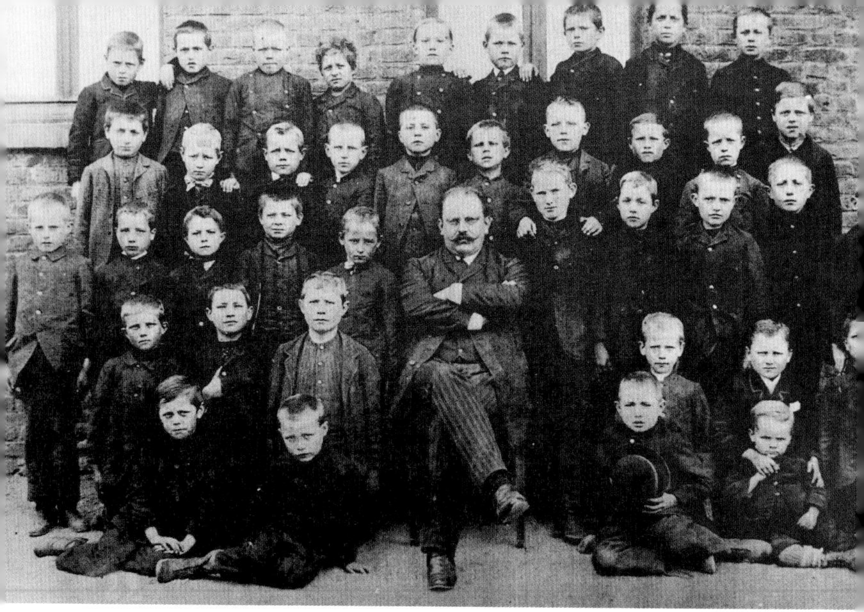

Klassenbild mit dem Zeichenlehrer Gerrit van Diepenbrock vor der Volksschule in Meiderich, rechts unten Wilhelm Lehmbruck, seinen sitzenden Bruder Heinz umarmend, undatiert

Vier Jahre später zählt der Ort bereits stolze 20 417 Einwohner: ein Grund, Meiderich nun in den Rang einer Stadt zu erheben, die 1905 schließlich zu Duisburg eingemeindet wird.

Lehmbrucks Vater hat Mühe, den Lebensunterhalt für seine Familie zu bestreiten. Neben der Bewirtschaftung seines Grundstücks mit Gemüseanbau und Viehhaltung arbeitet er außerdem als Tagelöhner im Bergbau. Sein viertes Kind Heinrich Wilhelm, das bei dem familiär tradierten Männernamen „Wilhelm" – kurz „Wim" – gerufen wird, wächst mit fünf Geschwistern auf: den beiden älteren, „Sophie" (Sophia Elisabeth) und „Lisbeth" (Margareta Elisabeth), und den drei jüngeren, „Minchen" (Anna Wilhelmina), „Änne" (Anna Sophia) und „Heinz" (Wilhelm Heinrich). Der älteste Bruder Heinrich ist kurz vor Wilhelms Geburt im Alter von sieben Jahren gestorben, und das Nesthäkchen, Friedrich Wilhelm, wird nur fünf Monate alt. Wilhelm wird evangelisch getauft. Eine besonders enge Beziehung besteht zu seiner zwei Jahre jüngeren Schwester „Minchen", die ihn 1906 zu ihrem Trauzeugen wählt.

In seinem Äußeren, [seiner] Gesichtsbildung, seinem verschlossenen und anspruchslosen Wesen ähnelte er dem Vater, weniger der Mutter, wogegen er bei der Mutter schon als Knabe mehr Unterstützung fand für seine Neigungen, die sich früh bereits regten.

Paul Westheim in: *Wilhelm Lehmbruck*, 1919

Ab Ostern 1887 besucht Wilhelm die Volksschule in Meiderich. Seine schulischen Leistungen sind gut, besonders erfolgreich ist er aber im Zeichnen. Sein Zeichenlehrer Gerrit van Diepenbrock erkennt sein Talent früh und fördert den Jungen mit überdurchschnittlichem Engagement. Schon mit 13 Jahren zeichnet Wilhelm treffsicher und gekonnt Blumenornamente in seine Schulhefte und kopiert Denkmäler nach Abbildungen in Schulbüchern, darunter das barocke *Reiterstandbild des Großen Kurfürsten* (1696–1700) von Andreas Schlüter und die vor 11 Jahren eingeweihte *Niederwald-Germania* (1877–83) von Johannes Schilling. Sein Interesse an Bildhauerwerken soll später zu der Legende führen, er habe diese Werke schon zu Schulzeiten aus Gips geschnitzt. Als Wilhelm 1895 die Schule nach der regulären Zeit beendet, empfiehlt Diepenbrock ihm eine künstlerische Ausbildung und unterstützt ihn dabei nach Leibeskräften. Diepenbrock leistet nicht nur Überzeugungsarbeit bei Wilhelms Vater, sondern reicht auch Zeichenproben des Jungen bei der **Kunstgewerbeschule Düsseldorf*** ein, die Wilhelm daraufhin sofort als „Modelleur-Lehrling" aufnimmt. Zur Finanzierung dieser Ausbildung setzt sich Diepenbrock außerdem bei der Stadt Meiderich ein, die daraufhin „ausnahmsweise einen einmaligen Betrag" bewilligt, „damit der Knabe die Kunstgewerbeschule besuchen kann". Was für ein Glück für den 14-jährigen Wilhelm, einen so weitsichtigen und couragierten Lehrer zu haben!

Bronze- und Steinguss

Der Bronzeguss ist die älteste Gusstechnik, er wird seit dem vierten vorchristlichen Jahrtausend praktiziert. Bei diesem Verfahren wird flüssige Bronze, die aus einer Legierung von Kupfer, Zinn und Zink besteht, in eine Form gegossen, um ein extrem haltbares, nur durch Einschmelzen zerstörbares Objekt herzustellen. Aus Bronze werden neben Schmuck, Glocken, Werkzeugen und Waffen auch Kunstwerke hergestellt. Für den künstlerischen Guss wird vom Urmodell aus Gips oder Ton in der Gießerei ein Gipsnegativ in mehreren Teilen abgenommen. Diese Teile werden dann zu einer Gussform zusammengefügt und mit flüssigem Wachs ausgegossen, das eine dünne Schicht an der Innenwand bildet. Danach wird die Gussform mit einer flüssigen Sand-Gips-Mischung gefüllt. Nach dem Aushärten werden Gipsmantel und Gipskern mit Nägeln fixiert, und es wird ein Kanalsystem für das Eingießen der Bronze angebracht. Das nun fertige Gussmodell wird zur Stabilisierung mit einem Mantel aus Sand und Gips umgeben. Anschließend kommt es bei hohen Temperaturen in den Ofen, um das Wachs auszuschmelzen, und in den entstandenen Hohlraum wird schließlich die Bronze eingegossen. Nach dem Erkalten der Bronze werden Gipsmantel und -kern, Kanalsystem und Nägel entfernt, die Löcher verlötet und die Gussnähte abgeschliffen. Zuletzt wird die Oberfläche poliert und mit einer individuell gestaltbaren Patina versehen.

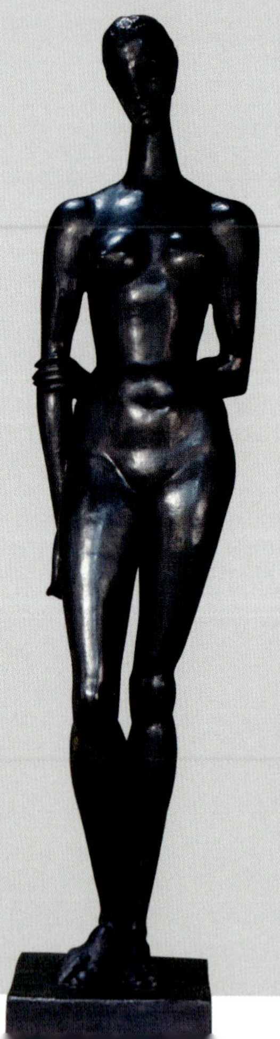

Große Sinnende, 1913, Bronze, posthumer Guss der Bildgießerei Hermann Noack, 207 × 51 × 43 cm

Badende, 1913, Steinguss,
92,8 × 31 × 46,8 cm

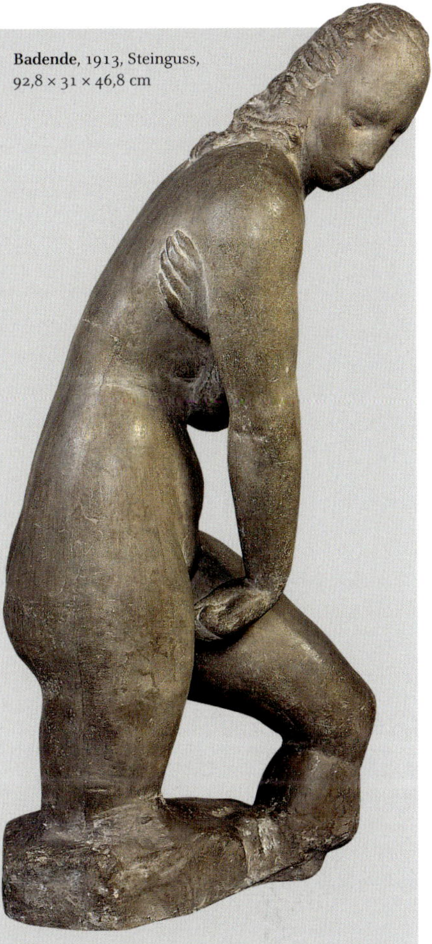

Während des Ersten Weltkriegs ist es verboten, Bronze für andere Dinge als für die Anfertigung von Waffen einzusetzen, weshalb einige Bildhauer den Steinguss als Ersatztechnik anwenden, der ebenfalls ein traditionelles Verfahren ist. Für die Herstellung wird von einem Tonmodell eine Negativform abgenommen, in die eine Mischung aus Zuschlagstoffen, Bindemitteln und Wasser eingegossen wird. Es können sowohl Voll- als auch Hohlgüsse angefertigt werden. Letztere sind stabiler und leichter, weshalb sie sich für Kunstwerke besser eignen. Nach dem Aushärten und dem Abnehmen der Mantelform ist die Plastik aus künstlichem Stein fertig. Steingüsse sind üblicherweise grau, sie können aber durch die Beimischung von Pigmenten eingefärbt werden.

Das Steingussverfahren ist seit dem Mittelalter bekannt. Gegen Ende des 19. Jahrhundert wird es im Zuge der monumentaleren Park- und Platzgestaltungen wiederbelebt. Die Bildhauer des Expressionismus experimentieren schon vor dem Ersten Weltkrieg mit Steingüssen und sind vor allem von deren gestalterischen Möglichkeiten begeistert. Außerdem ist die Anfertigung eines Steingusses wesentlich preiswerter als die von Bronzen.

Studium und erste künstlerische Erfolge in Düsseldorf

WILHELM LEHMBRUCK WIRD STIPENDIAT

Am 1. Oktober 1895 beginnt das neue Semester an der Kunstgewerbeschule. Für Lehmbruck ist es eine aufregende Zeit. Er wird zwar aus Kostengründen noch neun Jahre zu Hause wohnen bleiben und mit dem Zug nach Düsseldorf pendeln, aber er kommt aus der dörflichen Umgebung Meiderichs heraus und lernt die Großstadt kennen. Düsseldorf hat sich schon damals als Industrie- und Messestadt einen Namen gemacht und zählt über 100 000 Einwohner. Was gibt es hier nicht alles zu sehen! Beeindruckende Neubauten wie den Hauptbahnhof, die Ringstraßen und den noch im Bau befindlichen Rheinhafen, Straßenbahnen, die von Pferden auf Elektrizität umgestellt werden, großflächige Parkanlagen – und natürlich Ausstellungen. Als Kunststadt ist Düsseldorf bis zur Eröffnung der *Großen Industrie-, Gewerbe- und Kunstausstellung* im Jahr 1902, die einen Überblick über „das gesamte Können der Düsseldorfer Künstler" ermöglicht, allerdings noch provinziell.

Der Unterricht an der Kunstgewerbeschule ist im ausgehenden 19. Jahrhundert handwerklich und zugleich berufsorientiert. Die Grundausbildung umfasst Freihandzeichnen, geometrisches Zeichnen und ornamentale Formenlehre. Entsprechend liegt der Schwerpunkt der Ausbildung auf der angewandten Kunst. Lehmbruck weiß von Beginn an, was er werden möchte: Modelleur – oder noch besser: freier Bildhauer! So besucht er an drei Vormittagen pro Woche die Fachschule für „Modellieren", die der Bildhauer Clemens Buscher (1855–1916) leitet. Lehmbruck arbeitet hier mit großem Fleiß und so „gutem Erfolg", dass Buscher ihm unter allen Umständen die Fortsetzung der Ausbildung ermöglichen will. Er sorgt dafür, dass Lehmbruck ein Stipendium aus dem Städtischen Schuldstipendienfonds der Stadt Düsseldorf erhält. Weitere Stipendien der Stadt und des Staates sichern dem jungen Kunststudenten bis zum Ende seines Studiums an der Düsseldorfer Kunstgewerbeschule im Jahr 1899 die Ausbildung.

1897 fertigt Lehmbruck mehrere großformatige Studien auf dunklem Papier nach Gipsabgüssen von Michelangelos *Sterbendem Sklaven* und der Allegorie des *Morgens* vom Medici-Grab in Florenz sowie nach Asmus Jakob Carstens' *Parze Atropos* an, die abermals sein Talent bezeugen. Sie entstehen nicht an der Kunstgewerbeschule, deren Gipsabgussammlung nahezu ausschließlich aus Ornamentmustern besteht, sondern an der Kunstakademie, die entsprechende Zeichenkurse für interessierte Bürger anbietet. In diesen Kursen kommt Lehmbruck zum ersten Mal in Berührung mit der akademischen Ausbildung. Im gleichen Jahr zeichnet er in der Kunstgewerbeschule außerdem zum ersten Mal nach Aktmodellen.

Dass er sich mit Entwürfen für Silberwarenfabriken, anatomischen und botanischen Illustrationen für wissenschaftliche Publikationen und auch durch Mithilfe in Steinmetz- oder Bildhauerwerkstätten etwas dazuverdient, ist – zumindest was die Silberwaren und die Publikationen angeht – Legende: Entwürfe für Silberwaren wurden üblicherweise keinem Anfänger überlassen, und es gibt darüber auch keinerlei Zeugnisse. Richtig ist hingegen, dass Lehmbruck sich im Zeichnen von Porträts übt, um sich damit nötigenfalls die Existenz sichern zu können. Er versucht sich auch in ersten plastischen Porträts: Im Folgejahr entsteht das kleine treffsichere und zugleich idealisierte *Selbstporträt* – ein Unikat, das Lehmbruck aus Kostengründen nicht in Bronze gießen lassen kann und daher nur entsprechend einfärbt. Es handelt sich um seine älteste überlieferte Plastik.

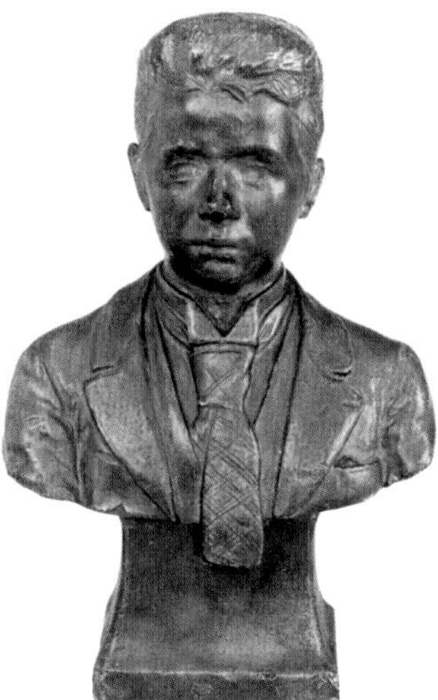

Selbstporträt, 1898, Gips, anthrazitfarben mit grünlicher Pigmentierung gefasst, 30 × 19 × 11,5 cm

Zehn Tage nach Lehmbrucks 18. Geburtstag stirbt 1899 sein Vater. Er hinterlässt neben seiner Frau den noch in Ausbildung befindlichen Wilhelm, vier unverheiratete Töchter und einen 11-jährigen Sohn. Wilhelm sieht sich gezwungen, seine Ausbildung an der Kunstgewerbeschule abzubrechen und stattdessen zum Lebensunterhalt seiner Familie beizutragen. Er zeichnet Porträts und modelliert die Plastik *Onkel Nolte* nach Wilhelm Buschs beliebter Geschichte *Die fromme Helene*.

Nach zwei Jahren Berufspraxis, in denen Lehmbruck seine Familie vermutlich eher schlecht als recht finanziell unterstützen kann, entschließt er sich im Hinblick auf eine langfristige Existenzsicherung zu einem Zweitstudium. Im April 1901 beginnt er sein fünfjähriges Studium der Bildhauerei an der 1878 gegründeten Düsseldorfer Kunstakademie. Auf Empfehlung seines Kunstgewerbeschullehrers Clemens Buscher nimmt ihn der seit 1893 an der Kunstakademie lehrende Bildhauer Carl Janssen (1855–1927) als Student an. Als Aufnahmestück und als Nachweis von Lehmbrucks Fähigkeiten dient möglicherweise sein modelliertes Selbstporträt. Leisten kann Lehmbruck sich dieses Studium allerdings nur, weil er auch dieses Mal Stipendien erhält.

Und wenn du an der Wissenschaft und Menschheit zweifelst, [...] Dann kehr' zurück zu der Natur und sei ihr Freund. [...] Die Menschen wirst im besseren Licht du sehen, Erkennst sie als Geschöpfe deines Gottes wieder [...].

Auszug aus Wilhelm Lehmbrucks Gedicht „Die Natur", Januar 1904

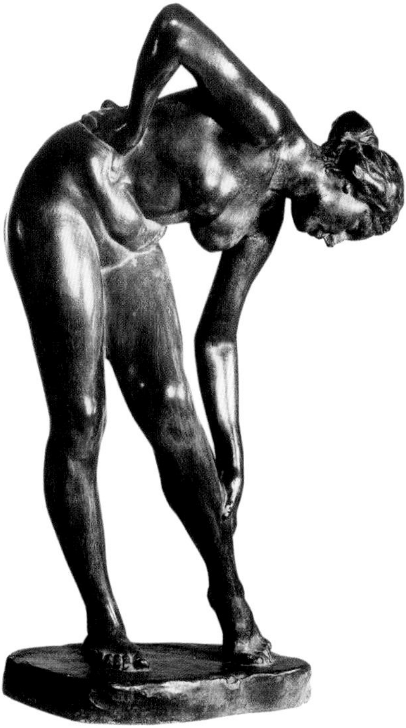

Badende, 1902/05, Gipsguss, hell, anthrazit-dunkelbraun gefasst mit Unterfassung, matt glänzend poliert, 65,5 × 36,6 × 27,6 cm

Der reguläre akademische Unterricht besteht aus Anatomie- und Aktzeichnen zur Aneignung technischer Grundlagen. Ersteres erfolgt in Kooperation mit den Düsseldorfer Kliniken. Beim Aktzeichnen, das Lehmbruck ja schon aus Zeiten der Kunstgewerbeschule kennt, vertreibt er sich die Zeit auch gern mit dem Anfertigen von Karikaturen von Kommilitonen und Professoren. Hinzu kommt das Zeichnen nach kunsthistorischen Vorbildern aus der umfangreichen Gipsabgusssammlung der Akademie zur künstlerischen Ausbildung. In der Bildhauerklasse, die sich in Düsseldorf erst 1862 etabliert hat und zu Beginn des 20. Jahrhunderts nur wenige Studenten aufweist, liegt der Schwerpunkt der Ausbildung auf Porträt-, Genre-, Denkmal- und Grabplastiken; Letztere stellen damals die bildhauerische Hauptaufgabe dar. Auch hier kopieren die Studenten zunächst bildhauerische Vorbilder, wie das Denkmal des *Großen Kurfürsten* von Jan Grupello, bevor sie eigene bildhauerische Kompositionen entwerfen.

Mit einem eigenen Entwurf erzielt Lehmbruck 1902 einen durchschlagenden Erfolg: Sein Lehrer Janssen schätzt seine *Badende* aufgrund ihrer raffinierten Komposition mit gleich drei Binnenräumen zwischen den Armen und Beinen so sehr, dass er ihn zum Meisterschüler ernennt. Damit gehen Privilegien einher, die das Studium wesentlich erleichtern. Lehmbruck bekommt ein beheiztes und mit elektrischem

Schusterjunge, 1901, Gips, 38,7 × 15,6 × 16,3 cm

Licht ausgestattetes Freiatelier und kann kostenfrei Modelle nutzen. Außerdem setzt sich Janssen dafür ein, dass die Akademie diese Arbeit – als einzige Schülerarbeit überhaupt – für ihre Kunstsammlung erwirbt und zu diesem Zweck in Bronze gießen lässt.

NEUE PERSPEKTIVEN ALS MEISTERSCHÜLER

Es geht aufwärts! In seinem neuen Atelier modelliert Lehmbruck erstmals größere Ganzfiguren, die heute allerdings nur durch Fotografien überliefert sind. Er saugt alle Anregungen auf und bildet sich weiter, so gut er kann. Der zauberhafte *Mädchenkopf* nach dem Modell seiner Nichte Maria Wüstmann belegt, dass er sich das Marmorschlagen, das an der Akademie nicht zur Ausbildung zählt, autodidaktisch aneignet. Janssen wird ihm dabei sicher mit Rat zur Seite gestanden haben. Und Lehmbruck unternimmt erste Studien- und Bildungsreisen ins In- und Ausland. Ab 1904 besitzt er außerdem eine Unterkunft in Düsseldorf und hält sich nur noch sporadisch in Meiderich bei seiner Familie auf. In Briefen benennt er als Absenderadresse: „Königliche Kunstakademie oder Bolkerstr. 28", und nur einige Wochen später: „Kreuzstr. 14 a". Seine Familie unterstützt er weiterhin nach seinen Möglichkeiten. Dazu denkt er sich bildhauerische Themen aus, die Erfolg beim Publikum versprechen, wie beispielweise den *Schusterjungen,* der als niederrheinische Karikatur mit

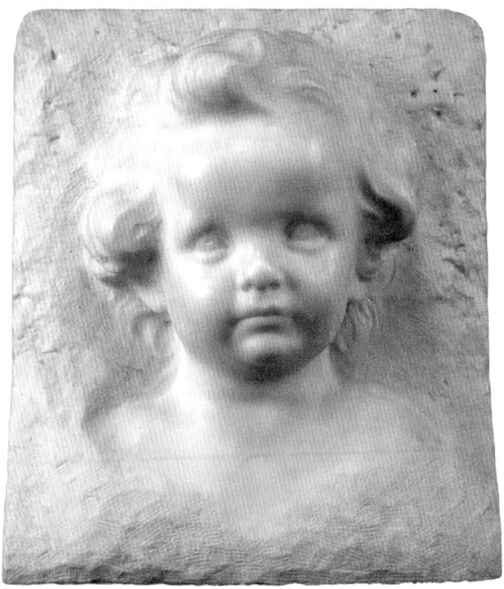

Mädchenkopf, 1903, Marmor, 35,7 × 30,6 × 19,4 cm

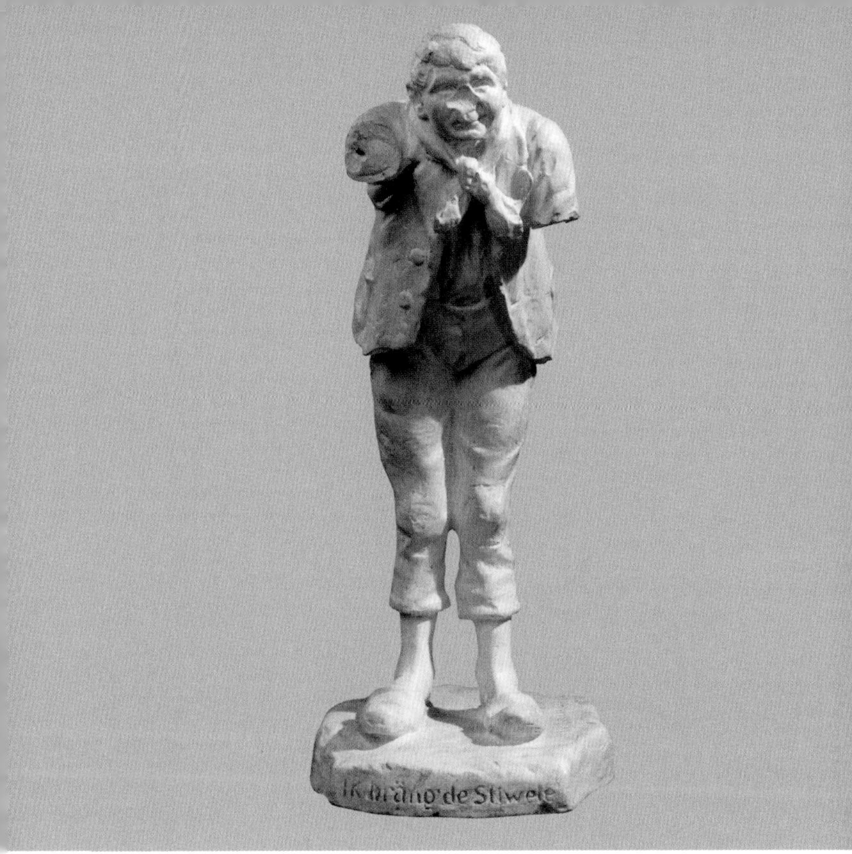

Humoristische Formel. 1901 entsteht – frei nach Wilhelm Busch – die Gipsfigur *Schusterjunge* mit einer Inschrift „Ik bräng de Stiwele" in rheinischem Platt. Die leider nur in stark beschädigtem Zustand überlieferte Figur zeugt von Lehmbrucks durchaus rheinischem Humor. Der *Schusterjunge* zieht seinen runden Kopf zwischen die hohen Schultern und drückt bei seiner Verbeugung die Beine so fest durch, dass sie bei den Unterschenkeln auseinandergehen. Diese devot-heitere Haltung lässt uns unwillkürlich schmunzeln. Im Profil wirkt die Figur zusätzlich durch ihren herunterhängenden Hosenboden komisch, den Lehmbruck als humoristische Formel auch schon in der Zeichnung seines Karnevalskostüms in dem Brief an Else Woisin vom Februar 1904 verwendet hat.

den beliebten Gestalten Wilhelm Buschs konkurriert, oder *Grace*, die als konventionelle Büste einer zeitlos Schönen dem Geschmack des Bürgertums entspricht.

Ein einschneidendes Erlebnis, das ihm neue bildhauerische Möglichkeiten jenseits der akademischen Tradition eröffnen und ihn auf den Weg in die Moderne führen wird, ist für den inzwischen 23-jährigen Lehmbruck die *Internationale Kunst- und Gartenbauausstellung*, die 1904 erstmals französische Gegenwartskunst in großem Umfang nach Düsseldorf bringt. Nicht nur das Gipsmodell der 1899 entstandenen monumentalen Grabmalplastik von Paul-Albert Bartholomé, deren Steinversion sich auf dem Friedhof Père Lachaise in Paris befindet, wird für Lehmbruck zur großen Entdeckung. Es sind vor allem die 61 Skulpturen und 170 Zeichnungen und Fotografien von Auguste Rodin.

Rodin! Die größte Berühmtheit unter den lebenden Bildhauern! Lehmbruck besucht Rodins Ausstellung mehrfach. Möglicherweise kann er den Meister sogar persönlich kennenlernen, der sich im Zuge der Ausstellung zwei Wochen in Düsseldorf aufhält und mit Lehmbrucks Lehrer Janssen in Kontakt gestanden haben dürfte. Von den Werken beeindruckt Rodins *Kuß* Lehmbruck besonders. Seine Schwärmerei für die Komposition und Lebendigkeit dieser Arbeit fasst er in ein langes Gedicht. Nachhaltiger wird ihn aber Rodins *Denker* beeinflussen, mit dem er sich bis an sein Lebensende auseinandersetzen wird. Wie innovativ Rodins Themen sind! Wie kraftvoll, monumental und doch sensibel seine Plastiken wirken! Auch sie beziehen ihre Ausdruckskraft aus dem intensiven Studium der Arbeiten Michelangelos, die Bildhauergenerationen seit Jahrzehnten als klassisches Vorbild gedient haben. Lehmbruck erkennt: Er muss die Werke des italienischen Großmeisters im Original sehen und studieren, wenn er eines Tages mit Rodin konkurrieren möchte.

Bildungsreisen, erste Ausstellungen und Familiengründung

DIE ERSTE ITALIENREISE

1905 ist es endlich soweit: Nach dem Abschluss seines Studiums an der Kunstakademie bricht Lehmbruck auf nach Italien! Finanzieren kann er die knapp zweimonatige Reise durch den Verkauf seiner Kleinplastik *Badende*, für die er sogar mehrere Käufer findet: Neben der Düsseldorfer Akademie erwirbt auch der Düsseldorfer Sammler Carl Nolden ein Exemplar. Es ist nicht die erste Reise, schon in früheren Jahren hat Lehmbruck Studienreisen unternommen, wenn es seine finanzielle Situation erlaubt hat: 1902 in den Harz, 1903 entlang des Rheins und der Mosel mit Studienkollegen, im September 1904 nach Holland und Belgien und im Oktober 1904 nach London. Italien ist aber ein besonderes Ziel. Seit Albrecht Dürers Zeiten gehört die Reise in das Land, das als „Wiege der Renaissance" gilt, zum künstlerischen Pflichtprogramm.

Im Mai 1905 steigt Lehmbruck in Düsseldorf in den Zug. Er reist über München nach Mailand. Dort kopiert er im Castello Sforzesco Bonino da Campiones *Grabmal für Bernabò Visconti*. Anschließend geht es weiter nach Genua und Pisa. Da diesen Stationen keine konkreten Zeichnungen zuzuordnen sind, wissen wir nicht genau, was er sich dort angesehen hat. Dann – endlich! – kommt Lehmbruck nach Florenz. Hier erfüllt sich ein großer Traum: Er kann Michelangelos Meisterwerke im Original sehen! Lehmbruck besucht die Kirche San Lorenzo, um Michelangelos Grabmäler für Lorenzo und Giuliano de Medici ausgiebig zu studieren und die Allegorien des *Morgens* und der *Nacht* sowie die Figur des in Denkerpose über ihnen thronenden *Lorenzo de Medici* abzuzeichnen. Dass er diese Werke intensiv studiert und sich Zeit für ihre genaue Analyse nimmt, belegt die sorgfältige Ausführung seiner Zeichnungen. Zusammen mit den durch Rodins Werke empfangenen Anregungen werden sie später ihr Echo in diversen Arbeiten finden, wie beispielsweise in den großformatigen Pastellen

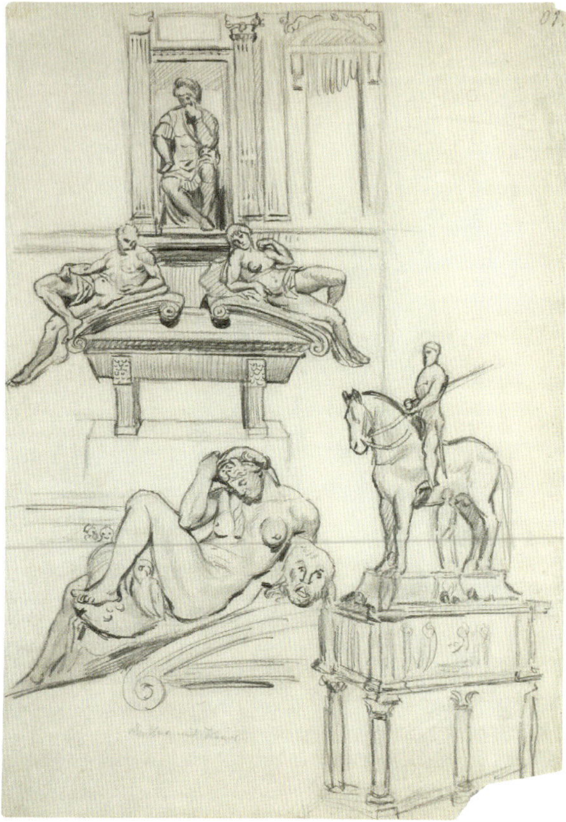

Studien zur Medici-Kapelle und zum Reiterdenkmal, 1905, Kohle und Bleistift auf Papier, 44,2 × 30,2 cm

Liegender weiblicher Akt (Der Abend) von 1911 und *Großer kniender weiblicher Rückenakt, nach links gewandt* von 1913/14, oder in den plastischen Hauptwerken *Kniende* von 1911 und *Sitzender Jüngling* von 1916/17.

Weiter geht es in die Hauptstadt, nach Rom! Hier faszinieren ihn neben der klassischen Architektur der Antike und den Reiterstandbildern der Renaissance erneut besonders die Werke von Michelangelo, aber auch diejenigen Raffaels. In San Pietro in Vincoli studiert Lehmbruck Michelangelos *Moses*, eine Skulptur von dem nicht vollendeten Grabmal für Papst Julius II., zu dem auch der *Sterbende Sklave* gehört, den Lehmbruck schon sieben Jahre zuvor in der Akademie nach einem Gipsabguss kopiert hat. Im Vatikan zeichnet er in den Stanzen nach Raffaels Komposition von *Aeneas und Anchises* und in der Pinacoteca Apostolica Vaticana nach Raffaels *Transfiguration*, indem er auf demselben Skizzenblatt die kniende weibliche Rückenfigur zunächst wie im Original bekleidet wiedergibt, um sich anschließend frei an der Zeichnung der Figur als Akt zu versuchen. In der Sixtinischen Kapelle beeindruckt ihn vor allem Michelangelos *Schöpfungsfresko*, nach dem zwar keine Zeichnungen von Lehmbruck überliefert sind, das ihn 1909 aber – neben Rodins *Adam* (auch *Der Schatten* genannt) – zu seiner ersten modernen, knapp drei Meter hohen Monumentalplastik *Der Mensch* inspirieren wird. Die nur in Gips ausgeführte Figur ist heute verschollen, aber immerhin durch eine Fotografie und ein torsiertes Modell überliefert. Außerdem finden Raffaels idealisierte Madonnendarstellungen Niederschlag in Lehmbrucks zarter Rötelzeichnung *Frauenkopf* von 1910/11.

In Rom endet die klassische Italienreise. Lehmbruck reist weiter in den Süden, seine nächste Station ist Neapel. Hier studiert er im Museo Archeologico Nazionale antike Plastiken und pompejanische Fresken wie die berühmte *Blumenpflückende Hore*. Außerdem skizziert er Menschen auf der Straße wie die junge Mutter mit dem klassischen Profil, die ihn 1907 zu dem Hochrelief *Mutter und Kind* – einer modernen Madonna – inspirieren wird. Seine letzte Station ist Capri. Vermutlich lässt Lehmbruck seine Bildungsreise dort ferienhaft ausklingen, denn dort gibt es nicht mehr viel kunsthistorisch Relevantes zu sehen, und es sind auch nur zwei Zeichnungen von dort überliefert. Eine zeigt ein Gebäude, die andere – mit Datum vom 29. Juni 1905 – eine Tarantella-Tänzerin. Möglich ist auch, dass er versucht hat, mit den sich seit 1900 auf Capri ansiedelnden Schönen und Reichen in Kontakt zu kommen, um potenzielle Auftraggeber zu gewinnen.

Im Juli 1905 ist Lehmbruck wieder zurück in Düsseldorf. Diese Reise wird sein künstlerisches Schaffen nachhaltig beeinflussen und sich als maßgeblich für seine künstlerische Entwicklung erweisen. Als Erinnerung hat er neben seinen zahlreichen Skizzen auch 45 Fotografien aus Italien mitgebracht, von denen er einige später auf Karton aufziehen und beschriften wird. Eine zeigt Michelangelos *Allegorie der Nacht* vom Medici-Grab, die Lehmbruck so inspirierend und schätzenswert findet, dass er sie aufwendig rahmen lässt und zentral in seinem Atelier aufhängt. 1908 wird er sich mit seiner jungen Frau Anna Maria Katharina Kaufmann, genannt Anita, stolz davor fotografieren lassen.

Kennengelernt hat Wilhelm Anita kurz nach seiner ersten Italienreise, als er im August 1905 mit dem Eigentümer der Düsseldorfer Hofkunsthandlung Bismeyer & Kraus, bei dem Anita angestellt ist, einen Vertrag über den Verkauf einer von ihm angefertigten kleinen Bronzekopie nach dem als Düsseldorfer Wahrzeichen geltenden *Reiterstandbild des Jan Wellem* (1711) von Gabriel Grupello abschließt. Mit der italienischen Kunstgeschichte dürften die beiden ein ergiebiges Gesprächsthema gefunden haben.

Ihre [Anitas] […] Eltern wollten nicht, daß sie diesen armen Künstler heiratete. ‚Aber', und wieder erhellte ein strahlendes Lächeln das Gesicht von Lehmbrucks Frau [Anita], ‚ich wußte, daß ich ihm folgen mußte und selbst wenn wir am Anfang Hunger und Elend erleiden müßten, würde ich dieses Leben gegen nichts in der Welt tauschen.'

Helene von Nostitz-Wallwitz in: „Über Wilhelm Lehmbruck", um 1928

ERSTE AUSSTELLUNGEN IN DÜSSELDORF UND PARIS UND FAMILIENGRÜNDUNG

Nach seiner Rückkehr aus Italien zieht Lehmbruck in Düsseldorf in die Mühlenstraße 17 und hat weiterhin sein Atelier in der Kunstakademie. Im November 1906 stellt er erstmals als freischaffender Künstler aus und zeigt in der *Deutschen Kunstausstellung,* in dem auch Flora genannten Botanischen Garten in Köln bis Mai 1907 seine *Badende* (1902), mit der er an der Akademie so großen Erfolg gehabt hat. Auch die Kunstkritik ist begeistert! Zeitgleich beteiligt er sich mit zwei Kleinplastiken an der Winterausstellung des **Vereins der Düsseldorfer Künstler zur gegenseitigen Unterstützung und Hilfe***, dem er just beigetreten ist. Lehmbruck ist auf Erfolgskurs! Dies weckt in ihm den Wunsch, nun auch größere, finanziell einträchtigere Arbeiten auszuführen. So beteiligt er sich an den von der Stadt Düsseldorf ausgeschriebenen Wettbewerben für das Heinrich Heine-Denkmal und für einen Industriebrunnen mit Arbeitsdarstellungen, die von Constantin Meunier und Auguste Rodin beeinflusst sind. Den Zuschlag erhält er nicht, aber er bekommt im gleichen Jahr seinen ersten größeren Auftrag für das Grabmal des 1906 verstorbenen Essener Bergwerksdirektors Friedrich Wilhelm Hohendahl, für das er ein Marmorrelief mit einem *Sitzenden Bergmann mit Grubenlampe* in Anlehnung an Rodins *Denker* entwirft.

1907 löst sich Lehmbruck ganz von der Akademie und eröffnet ein eigenes Atelier in der Florastraße 2. Hier entsteht noch im gleichen Jahr als wichtigste Arbeit die knapp unterlebensgroße Figurengruppe *Mutter und Kind.* Mit ihr konkurriert Lehmbruck mit der fünf Jahre älteren *Steinklopferin* seines ehemaligen Lehrers Carl Janssen. Dessen Skulptur stellt eine Mutter dar, die ihren Säugling während der schweren Arbeit beiseitelegen muss. Ist Janssens *Steinklopferin* noch als sozialkritisches Werk in der Tradition des Realismus zu verstehen, so entwirft Lehmbruck mit *Mutter und Kind* seinerseits einen neuen Typus, der die innige, liebevoll-harmonische Beziehung zwischen den beiden Figuren herausstellt. Bereits in diesem Werk wer-

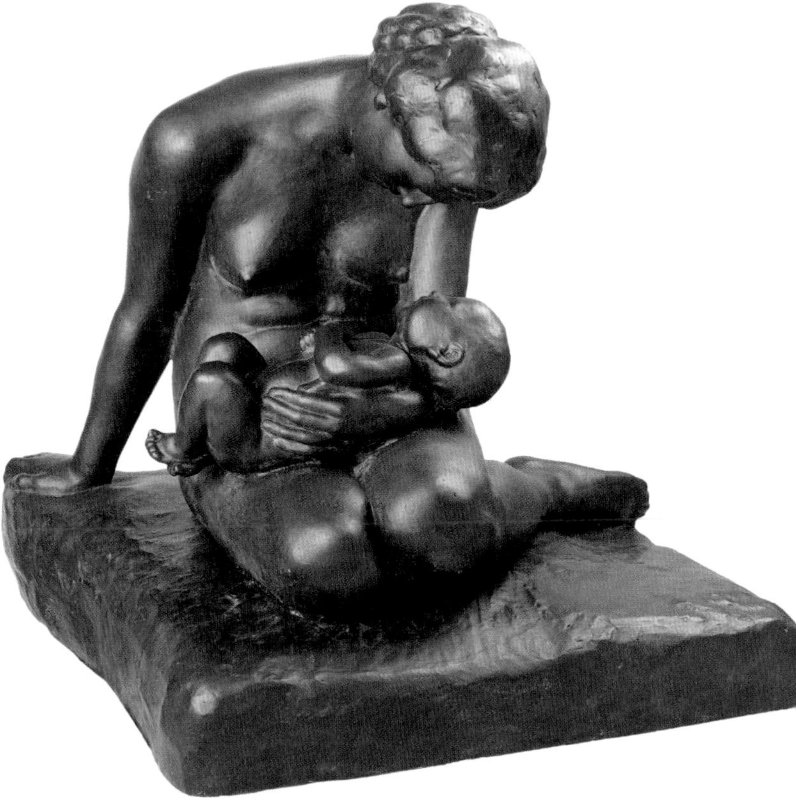

Mutter und Kind, 1907, Bronze, dunkelbraun-anthrazit patiniert, 83 × 84 × 77 cm

den die Fragen nach den Bedingungen des Menschseins und nach deren Verbesserungsmöglichkeiten erkennbar, die später als Charakteristikum von Lehmbrucks reifen Arbeiten gelten. Mit seiner neuen, modernen Plastik wagt Lehmbruck sich jetzt auch auf das internationale Parkett: Er tritt der **Société nationale des beaux-arts*** in Paris bei und beteiligt sich mit *Mutter und Kind* und einigen kleineren Arbeiten vom 14. April bis zum 30. Juni 1907 an der Sommerausstellung im Grand Palais. Parallel nimmt er außerdem vom 27. April bis zum 29. September 1907 an der *Großen Berliner Kunstausstellung* teil, für die er rasch eine weitere Fassung von *Mutter und Kind* anfertigt.

Ein drittes Mal zeigt er diese Figurengruppe vom 11. Mai bis zum 29. September 1907 in der *Deutsch-Nationalen Kunstausstellung* 1907 in Düsseldorf. Der Erfolg ist riesig! Die Kunstkritik feiert Lehmbrucks *Mutter und Kind* „allseitig als das beste Werk der Düsseldorfer Abteilung".

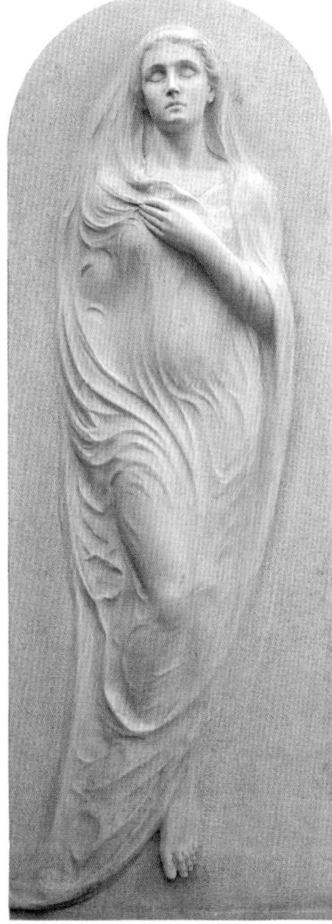

Seele, um 1908, Marmor, 219 × 78 × 27,5 cm

Sein Können spricht sich herum. Im Frühjahr 1908 erhält er einen zweiten größeren Auftrag für das Grabmal des Düsseldorfer Architekten Otto Reinhardt. Lehmbruck entwirft ein marmornes Hochrelief mit einer personifizierten *Seele*, die ein dünnes Leichentuch umhüllt und im Bereich der Füße zwischen körperlicher Auflösung und Himmelfahrt oszilliert, sodass sie sowohl horizontal als Grabplatte als auch vertikal als Grabstele dienen kann. Im April stellt Lehmbruck zum zweiten Mal im Pariser Salon der Société nationale des beaux-arts im Grand Palais aus. Diesmal begnügt er sich aber nicht damit, seine Arbeiten nach Paris zu schicken. Er nutzt die Gelegenheit, um selbst in die französische Hauptstadt zu reisen. Paris! Nach Italien die zweite Pflichtreise für die junge Künstlergeneration. Lehmbruck ist bei der Eröffnung des Salons mit seinen vielen Kontaktmöglichkeiten zugegen, und er besucht auch den 47-jährigen Aristide Maillol in seinem Atelier in Marly-le-Roi, wie wir aus Maillols Aufzeichnungen wissen. Maillol gilt mit den glatten, voluminösen Oberflächen seiner ruhigen, statischen Frauenfiguren als erfolgreicher Gegenspieler Rodins. Lehmbruck müsste

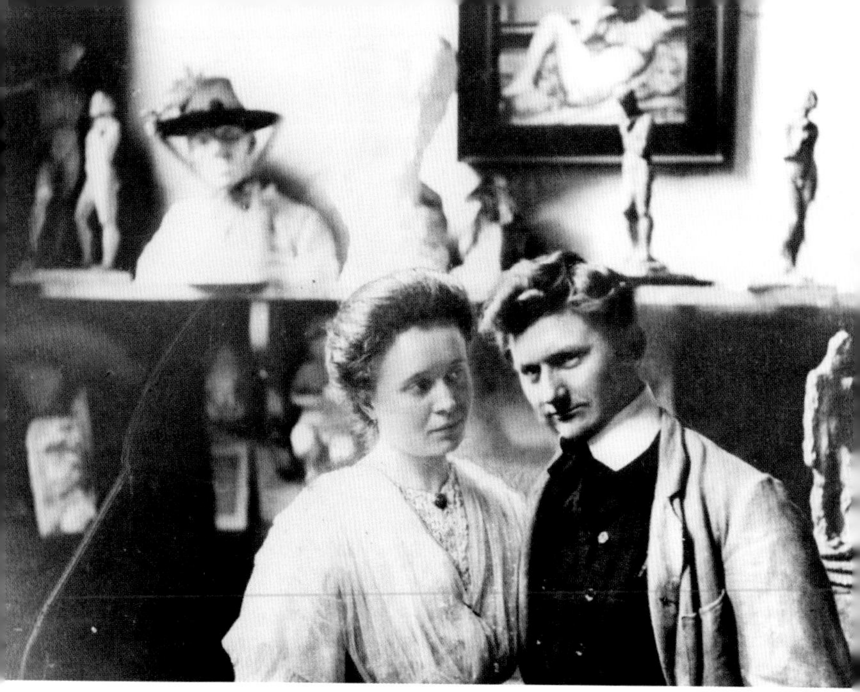

Wilhelm Lehmbruck mit seiner Verlobten Anita Kaufmann in seinem ersten eigenen Atelier in der Florastraße 2 in Düsseldorf, 2. April 1907

daher brennend daran interessiert sein, dessen lebensgroße Arbeiten im Original zu sehen. Bevor er aber das Gesehene in eigenen, großformatigen Werken verarbeitet, gründet er eine eigene Familie. Am 6. Juni heiratet er seine Verlobte Anita Kaufmann und am 11. März 1909 wird sein erster Sohn Gustav Wilhelm geboren. Kurz darauf fertigt Lehmbruck von ihm ein wunderschönes und intimes Porträt in Marmor an, das belegt, wie hervorragend er inzwischen auch die Technik des Meißelns beherrscht.

DIE ZWEITE ITALIENREISE

Gegen Ende des Jahres 1911 erhält Wilhelm Lehmbruck von der Stadt Duisburg den Auftrag, von seiner lebensgroßen Plastik *Große Stehende*, mit der er sich auf Ausstellungen in Deutschland und Paris inzwischen einen Namen gemacht hat, eine Marmorversion anzufertigen. Gesponsert wird dieser Auftrag von Adeline Böninger (1838–1915), einer aus der Duisburger Unternehmerfamilie Haniel stammenden Frau eines Bankiers und Cousine der deutsch-niederländischen Kunstsammlerin Helene Kröller-Müller, die später das gleichnamige Museum gründen wird.

Mit dem Vorschuss, den Wilhelm Lehmbruck für die Anfertigung dieser Marmorskulptur bekommt, reist er im März 1912 zum zweiten Mal nach Italien. Er will den passenden Marmorblock selbst in den berühmten Steinbrüchen von Carrara aussuchen. Im Gepäck hat er einen Italien-Reiseführer von Baedecker, in den er sich Notizen über den Reiseverlauf und die Sehenswürdigkeiten macht, die ihn besonders beeindruckt haben. Zunächst reist er nach Carrara, wo er einen klassischen weißen Marmor für seine Auftragsarbeit auswählt. Anschließend besucht er Florenz, Padua und Assisi. Dort begeistert ihn jetzt vor allem die mittelalterliche Tafelmalerei von Cimabue und Giotto. In ihren Gemälden findet er nicht nur eine Figurenauffassung mit „gotisch" gelängten Gliedmaßen wieder, die der seinen entspricht, sondern er sieht sie nun auch mit neuen, durch die Pariser Avantgarde geprägten Augen. So erscheinen ihm Cimabues vielansichtige Architekturdarstellungen jetzt verwandt mit der modernen Raumauffassung der Kubisten. Schließlich macht Lehmbruck auch in Rom Station, um erneut die Galleria Borghese und die Vatikanischen Museen zu besuchen. Hier fasziniert ihn jetzt besonders die ägyptische Bildhauerei mit ihrer formalen Klarheit und blockhaften Form, die er, zurück in Paris, in einer Radierung festhält.

Diese zweite Italienreise belegt demnach Lehmbrucks neues Interesse für archaische Formen und möglichst einfache und doch spannungsreiche Kompositionen. Entsprechend wird sie abermals seine eigene Kunst beeinflussen, wie seine Kompositionen der *Großen Sinnenden* von 1913 und die als Figurenpaar entworfenen, nicht erhaltenen Figuren *Sitzender Mann* und *Träumerin* von 1914 zeigen. Noch stärker wird seine Kunst ab 1910 aber diejenige der internationalen bildhauerischen Avantgarde prägen, die sich in Paris niedergelassen hat.

Expressionismus in der Bildhauerei

1911 prägt Herwarth Walden (1879–1941) den Begriff „Expressionismus" für die avantgardistische Strömung, die sich zwischen 1905 und 1925 in allen künstlerischen Gattungen manifestiert. Sie verbreitet sich zunächst in Deutschland und anschließend in ganz Europa. Typisch für den Expressionismus ist, dass die Künstler ihr Können in verschiedenen Disziplinen erproben. So fertigen die Brücke-Künstler Ernst Ludwig Kirchner (1880–1938), Erich Heckel (1883–1970), Karl Schmidt-Rottluff (1884–1976) und später auch Emil Nolde (1867–1956) wie ihr Vorbild Paul Gauguin (1848–1903) neben ihren farbenfrohen Gemälden nicht nur Gebrauchsgegenstände und Möbel aus Holz an, sondern sie schnitzen auch idolhafte Figuren aus Holz, die sie zum Teil bemalen. Diese Skulpturen reflektieren ihr Interesse an völkerkundlicher Kunst, in der sie das von ihnen formulierte künstlerische Ziel, „unmittelbar und unverfälscht" wiederzugeben, was sie „zum Schaffen drängt", bereits verwirklicht sehen.

Zur expressionistischen Skulptur zählen neben Wilhelm Lehmbrucks überlängten Figuren auch die kompakten, blockhaften Figuren aus Holz oder Bronze von Ernst Barlach (1870–1938) und Käthe Kollwitz (1867–1945). So verschieden die Werke dieser Künstler formal auch sein mögen,

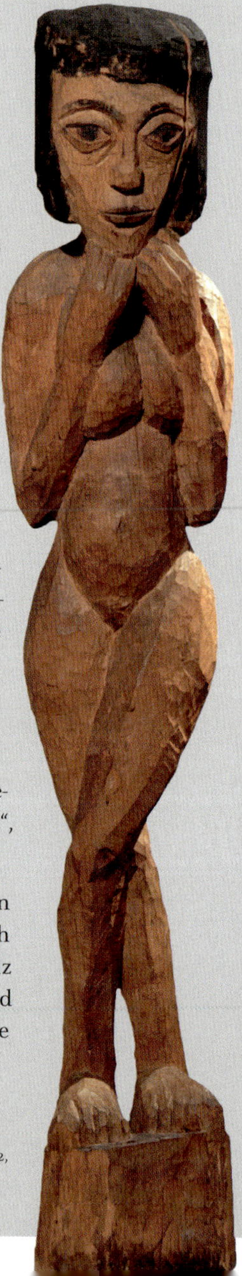

Erich Heckel, **Stehendes Mädchen/ Stehende mit aufgestütztem Kinn**, 1912, Ahornholz, bemalt, 141 × 24,5 cm

so verwandt sind sie inhaltlich: Alle setzen sich mit dem Menschen, seinen Lebensbedingungen und seiner Haltung zum Leben auseinander.

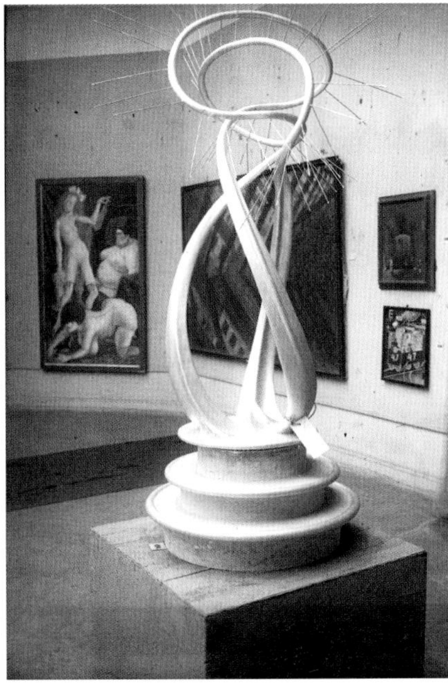

Oswald Herzog, Detail eines Brunnenentwurfs, Gips, August 1929

Von ganz anderer Gestalt sind dagegen die wenigen erhaltenen, aber fotografisch dokumentierten Plastiken von Oswald Herzog (1881–1941). Sie sind abstrakt, bestehen aus farbig glasierter Keramik oder aus Gips, besitzen glatte Oberflächen, und ihre raumgreifenden schlanken Formen wirken oft höchst fragil. Für seine Plastiken erfindet Herzog den hochmodernen Begriff „Abstrakter Expressionismus", der Jahrzehnte später als Stilbegriff für die amerikanische Malerei der 1960er-Jahre in die Kunstgeschichte eingehen wird.

Wilhelm Lehmbruck formuliert seine plastische Theorie mit den Worten: „Alle Kunst ist Maß. Maß gegen Maß, das ist alles. Die Maße, oder bei den Figuren die Proportionen, bestimmen den Eindruck, bestimmen die Wirkung, bestimmen den körperlichen Ausdruck, bestimmen die Linie, die Silhouette, und alles. [...] Ich finde bei einigen jungen Künstlern aus den verschiedensten Ländern dieses allgemeine Gefühl, trotzdem sich ihre Werke untereinander ganz verschieden darbieten, und dieses Gefühl wird sie leiten zu einem neuen zeitgemäßen Ausdruck: Zu einem Stil unserer Zeit. Skulptur ist das Wesen der Dinge, das Wesen der Natur, das, was ewig menschlich ist."

Neue Impulse in Paris und internationale Anerkennung

UMZUG NACH PARIS

Während einer Exkursion mit der Bildhauerklasse der Kunstakademie 1901 nach Paris beschließt Lehmbrucks älterer Studienkollege Bernhard Hoetger, der bereits den Status des Meisterschülers bei Carl Janssen innehat, nicht mehr mit zurück nach Düsseldorf zu kommen, sondern sein berufliches Glück in der französischen Kunstmetropole zu versuchen. Lehmbruck rückt 1902 mit seiner *Badenden* bei Janssen als Meisterschüler nach und beginnt ab 1907 – wohl auch auf Anraten des Düsseldorfer Kunstsammlers und späteren Galeristen Alfred Flechtheim –, an den Ausstellungen der Pariser Salons teilzunehmen. Dabei lernt er neben den neuen Arbeiten von Auguste Rodin und Aristide Maillol, die er in ihren Ateliers besucht, auch die Avantgardekunst der anderen in Paris angesiedelten französischen und ausländischen Künstler kennen. Ihm wird klar, dass auch er sich nur in der französischen Hauptstadt künstlerisch weiterentwickeln und seine Karriere vorantreiben kann. So reift in ihm über die Jahre der Entschluss, wie Hoetger – und zahlreiche andere deutsche Bildhauer und Maler – ganz nach Paris überzusiedeln.

Ich glaube, daß wir wieder einer wirklich großen Kunst entgegengehen, und daß wir bald den Ausdruck unserer Zeit finden in einem monumentalen, zeitgemäßen Stil. [...] Die Skulptur, wie jede Kunst, ist der höchste Ausdruck der Zeit.

Wilhelm Lehmbruck, undatierter Text aus der Pariser Zeit, 1910–14

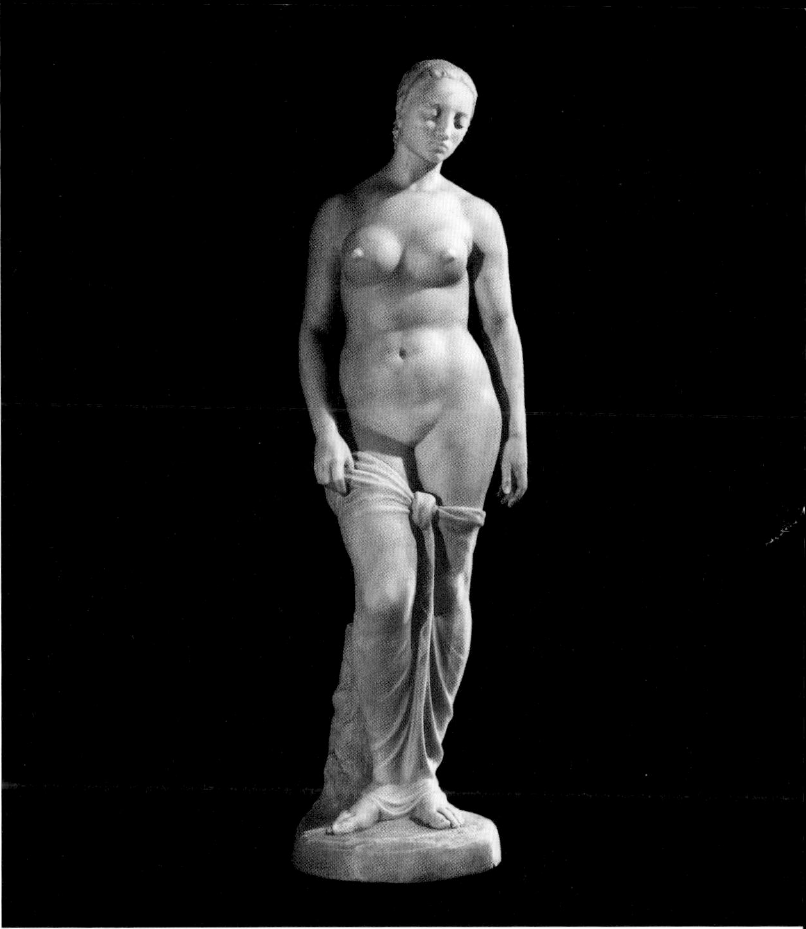

Große Stehende (Stehende weibliche Figur), 1910,
Marmor, ausgeführt 1912, 197 × 57,5 × 63,3 cm

Im Januar 1910 ist es soweit: Wilhelm, Anita und Guwi (Gustav Wilhelm) besteigen in Düsseldorf den Zug nach Paris. Im Gepäck haben sie nur das Nötigste: ihre wenigen persönlichen Habseligkeiten sowie die bis dato entstandenen plastischen Hauptwerke *Mutter und Kind* (1907), den marmornen Grabmalentwurf *Seele* (1908) und den knapp drei Meter hohen, von Rodin beeinflussten Gips *Der Mensch* (1909), die Lehmbruck für seine Teilnahme an den großen Ausstellungen in Paris braucht. Finanzieren können sie den Umzug durch den Verkauf ihres

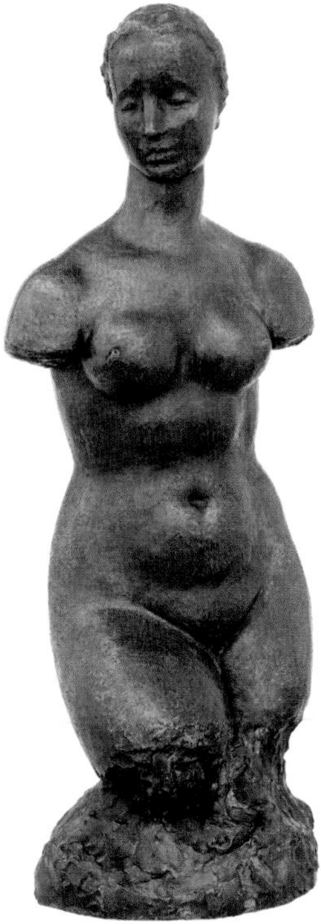

Kleiner weiblicher Torso, später **Hagener Torso** genannt, 1910, Bronze, braun patiniert, 65 × 26,4 × 23,1 cm

Hausrats an Verwandte und Bekannte sowie durch den Abschluss eines Vertrags mit dem finanzkräftigen Kunstsammler Carl Nolden, dem Lehmbruck gegen eine bestimmte Summe nicht nur seine bis dato geschaffenen kleineren Plastiken überlässt, sondern auch weitere, zukünftig in Paris entstehende Arbeiten überschreibt. In den folgenden Jahren bis zum Ausbruch des Ersten Weltkriegs wird Lehmbruck dort seinen eigenen Stil in vier plastischen Hauptwerken entwickeln.

In Paris angekommen, bezieht die kleine Familie eine bescheidene Unterkunft im 6. Arrondissement in der Rue de Vaugirard Nr. 105. Alle drei teilen sich ein Zimmer, das auch als Atelier und Lagerraum für die großen Plastiken genutzt werden muss, sofern diese nicht zu Ausstellungen geschickt werden können. Lehmbruck fängt sofort an zu arbeiten, denn er muss eine neue große Plastik für den am 1. Oktober eröffnenden **Salon d'automne*** schaffen, wenn er sich in Paris weiter bekannt machen und in der internationalen Kunstszene Fuß fassen will.

DIE MEISTERWERKE *GROSSE STEHENDE* UND *KNIENDE*

1910 entsteht in kürzester Zeit die *Große Stehende*. Ein Meisterwerk! Inspiriert durch seine neuen Kontakte zur Pariser Kunstszene und die hervorragende Skulpturensammlung des Louvre, erschafft er eine lebensgroße Figur, die in den Augen der Zeitgenossen sowohl die Antike atmet als auch lebendig wirkt und hervorragende Kritiken erhält. Ihre Bedeutung für Lehmbrucks Gesamtwerk ist maßgeblich; rückblickend kann sie als Prototyp aller seiner zukünftig entstehenden

Plastiken gelten. Denn mit dieser Figur, die nichts tut als sinnieren, thematisiert Lehmbruck erstmals ein hochmodernes bildhauerisches Problem, das ihn bis zu seinem Lebensende beschäftigen wird: Wie lässt sich Geist in Materie ausdrücken? Sein großer Erfolg im Salon d'automne und die Notwendigkeit, den Lebensunterhalt für sich und seine Familie zu verdienen, veranlassen ihn, aus dieser Figur Versionen für den Kunsthandel zu entwickeln: den *Kleinen weiblichen Torso* und die *Kleine Sinnende*. Letztere gilt bis heute als sein am häufigsten reproduziertes und beliebtestes Kunstwerk.

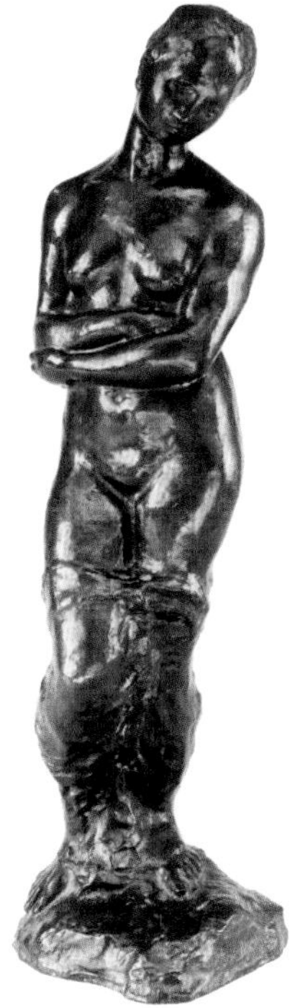

Kleine Sinnende, 1910/11, Bronze, braun patiniert, 52 × 14 × 13 cm

Kurz vor der Eröffnung des Salon d'automne ist die Familie Lehmbruck innerhalb von Paris umgezogen und wohnt seit Herbst 1910 in der Avenue du Maine Nr. 127 im 14. Arrondissement. Die neue Unterkunft ist nicht wesentlich komfortabler als die alte; auch sie besteht nur aus einem Raum, in dem ein Vorhang einen kleinen privaten Bereich von der übrigen, als Atelier genutzten Fläche trennt. Letztere muss Lehmbruck Platz für die Entwicklung weiterer Großplastiken bieten und als Lager dienen, sofern seine Arbeiten nicht in Ausstellungen untergebracht oder verkauft werden können. Der entscheidende Vorteil der neuen Wohnung ist vielmehr ihre Lage im Zentrum des legendären Quartiers Montparnasse. Hier lassen sich die jungen zugereisten Künstler nieder, und hier findet der fruchtbare fachliche Austausch auf internationaler Ebene statt. Lehmbruck knüpft neben den bereits vorhandenen Bekanntschaften zu Rodin, Maillol, André Derain und den in Paris ansässigen deutschen Künstlern nach und nach auch Kontakte zur jungen internationalen Bildhaueravantgarde, wie dem Rumänen Constantin Brancusi, dem Weißrussen Ossip Zadkine, den Italienern Amedeo Modigliani und Ernesto dei Fiori, welcher durch seine österreichischen Wurzeln auch Deutsch spricht, sowie zu dem Ukrainer Alexander Archipenko, der ein richtiger Freund Lehmbrucks wird. Ihm wird Lehmbruck 1912 eine Ausstellung im renommierten Hagener Folkwang Museum vermitteln, die Archipenkos Kunst auch in Deutschland bekannt macht.

In diesem inspirierenden Milieu entwickelt sich Lehmbruck künstlerisch sehr schnell weiter. Als typisch expressionistischer Künstler versucht er sich sogar in zwei für ihn neuen Genres: der Druckgrafik und der Malerei. Ab 1910 entstehen über 200 **Kaltnadelradierungen*** und **Lithografien*** sowie über 70 Gemälde und Pastelle. Außerdem gelingt es ihm, schon 1911 ein weiteres plastisches Meisterwerk zu erschaffen: die *Kniende*, die er vom 1. Oktober bis zum 8. November im Pariser Herbstsalon präsentiert. Abermals ist der Erfolg durchschlagend! Kollegen wie Zadkine bewundern die Arbeit, und der in Paris ansässige Kunstkritiker Julius Meier-Graefe, der sie schon im Atelier gesehen und zunächst zurückhaltend reagiert hat, wirbt für sie auch beim deutschen Publikum. Zwei Jahre später wird Lehmbruck mit der *Knienden* sogar der künstlerische Durchbruch in Übersee gelingen.

Im Januar 1912 erhält Lehmbruck auf Initiative von Adeline Böninger den Auftrag der Stadt Duisburg, für die städtische Kunstsammlung die *Große Stehende* in Marmor auszuführen. Er verlässt Paris im März, um in den Steinbrüchen von Carrara einen qualitativ guten Stein auszusuchen. Parallel dazu entschließt er sich im Frühjahr 1912, seine innovative *Kniende* auch in Deutschland auszustellen. Er zeigt sie zusammen mit der *Großen Stehenden* erst in der Ausstellung der Berliner Secession auf dem Kurfürstendamm, und anschließend bis Ende September in der internationalen Kunstausstellung des Sonderbundes in Köln. Damit werden seine in Paris bereits erfolgreichen Plastiken auch im Rheinland bekannt – und im Anschluss an die gut besuchte Ausstellung auch in den Niederlanden und in den USA.

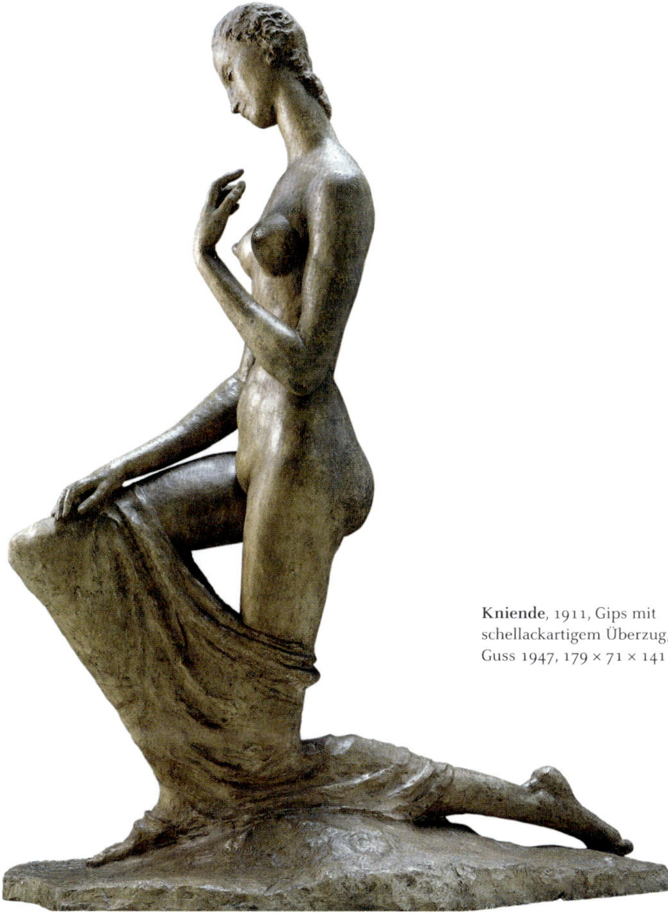

Kniende, 1911, Gips mit schellackartigem Überzug, Guss 1947, 179 × 71 × 141 cm

Die Anmut der Bildhauerei. In dieser weit überlebensgroßen Figur mit schlanken Gliedmaßen und gelängten Proportionen entwickelt Lehmbruck 1911 einen neuen Stil, der sein neues bildhauerisches Thema noch expressiver formuliert. Zwar erinnert die *Kniende* auf den ersten Blick noch an die traditionellen Allegorien des Frühlings oder der Jugend, doch thematisiert sie in ihrer graziösen Haltung und in ihrem kontemplativen Ausdruck letztlich nichts anderes als die Anmut der Bildhauerei selbst, welche in klug geformter Materie die Größe ihrer Idee auszudrücken vermag.

Die Bildhauer vom Montparnasse

Um die Jahrhundertwende ziehen die Pariser Weltausstellungen und der legendäre Ruf des Künstlerviertels Montmartre zahlreiche Künstler und Intellektuelle aus dem In- und Ausland magnetisch an. Sie kommen nach Paris und siedeln sich im Montparnasse-Viertel an, wo sie bezahlbaren Wohnraum und eine kreative, inspirierende Atmosphäre vorfinden. Damit verlagert sich zugleich der künstlerische Mittelpunkt der Stadt vom Montmartre zum Montparnasse.

In der Rue de la Grande-Chaumière Nr. 10 eröffnet 1881 der italienische Bildhauer Filippo Colarossi die erste private Kunstakademie. Ihre Besonderheit ist, dass auch weibliche Schülerinnen nach dem männlichen Aktmodell zeichnen dürfen, weshalb hier in den Jahren 1900 und 1903 auch Paula Modersohn-Becker studieren wird. Zu den ersten sich im Montparnasse-Viertel ansiedelnden Bildhauern zählt

V. l. n. r.: Amedeo Modigliani, Pablo Picasso und André Salmon vor dem Café de la Rotonde im Quartier Montparnasse, 1916, Foto: Jean Cocteau

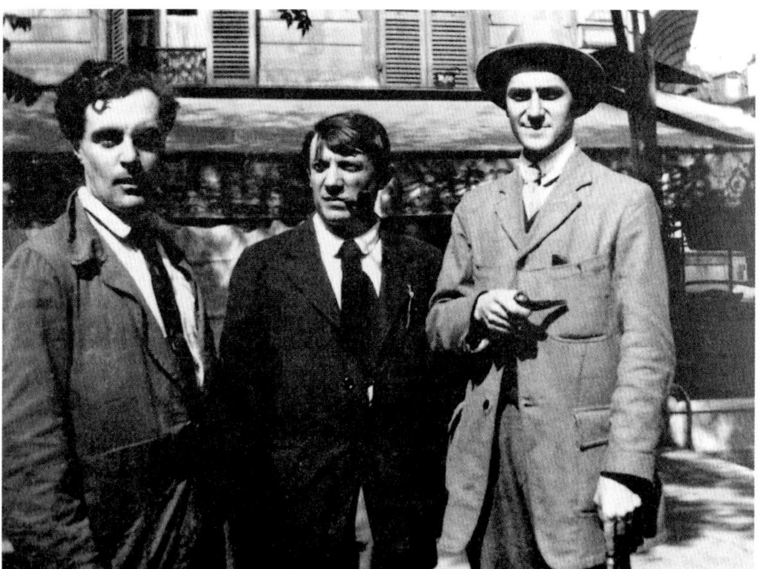

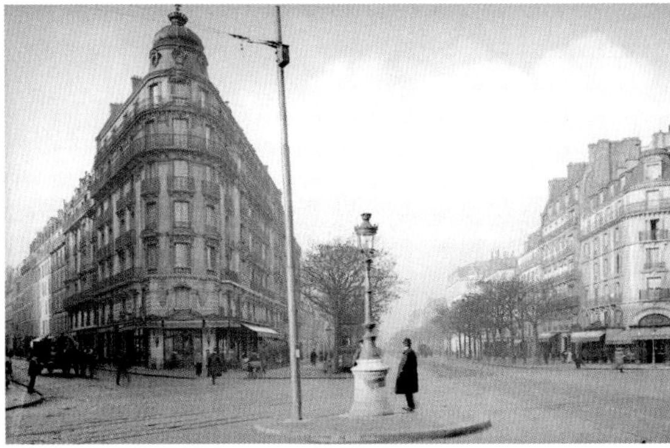

Carrefour Vavin im Quartier Montparnasse, links das Café du Dôme und rechts das Café de la Rotonde, 1910

außerdem Max Klinger (1857–1920), der ab 1883 ein Atelier in der Impasse du Maine Nr. 9 besitzt.

Ab 1908 folgt schließlich die junge Avantgarde. Der rumänische Bildhauer Constantin Brancusi (1876–1957) bezieht ein Atelier in der Rue du Montparnasse Nr. 54. 1909 lernt er den italienischen Maler Amedeo Modigliani (1884–1920) kennen, der sein Atelier ebenfalls vom Montmartre ins neue künstlerische Zentrum am Montparnasse verlegt und sich in den kommenden Jahren verstärkt der Bildhauerei widmet. Ab 1908 ist außerdem der ukrainische Bildhauer Alexander Archipenko (1887–1964) in Paris, der sich in der Rue des Artistes Nr. 36 einmietet. 1909 besucht der Litaue Jacques Lipchitz (1891–1973) Kurse an der Akademie Julian und reüssiert 1913 im Kreis der Bildhauer vom Montparnasse mit zwei kubistischen Skulpturen.

Nur zwei Querstraßen von Archipenkos Atelier entfernt mietet sich 1910 Wilhelm Lehmbruck in der Avenue du Maine Nr. 127 ein. Hier entstehen seine Hauptwerke aus der Pariser Zeit: *Große Stehende* (1910), *Kniende* (1911), *Große Sinnende* (1913), *Emporsteigender Jüngling* (1913/14), *Sitzender Mann* (1914) und *Träumerin* (1914). 1911 schließen sich den Bildhauern vom Montparnasse außerdem der Italo-Österreicher Ernesto de Fiori (1884–1945) und der Franzose Henri Laurens (1885–1954) an, 1912 folgen der weißrussische Bildhauer Ossip Zadkine (1890–1967) und schließlich auch das spanische Allround-Talent Pablo Picasso (1881–1973), der ein Atelier in der Rue Schoelcher Nr. 5 mietet. Das neue Künstlerviertel am Montparnasse ist etabliert.

Helene Kröller-Müller, deren Sammlung heute den Kernbestand des gleichnamigen Museums in Otterlo bildet, bestellt nach ihrem Ausstellungsbesuch in Köln ihrerseits eine *Große Stehende* aus Kunststein bei Lehmbruck, ebenso wie der New Yorker Sammler Stephen Carlton Clark. Und während sich die deutsche Presse mit den modernen Formen der *Knienden* noch schwertut, wie in der Satirezeitschrift *Ulk* von April 1912, erhält Lehmbruck vom Sekretär der Association of American Painters and Sculptors, Arthur Walt Kuhn, eine Einladung zur Teilnahme an der renommierten Armory Show für moderne Kunst im kommenden Jahr, mit Stationen in New York, Boston und Chicago.

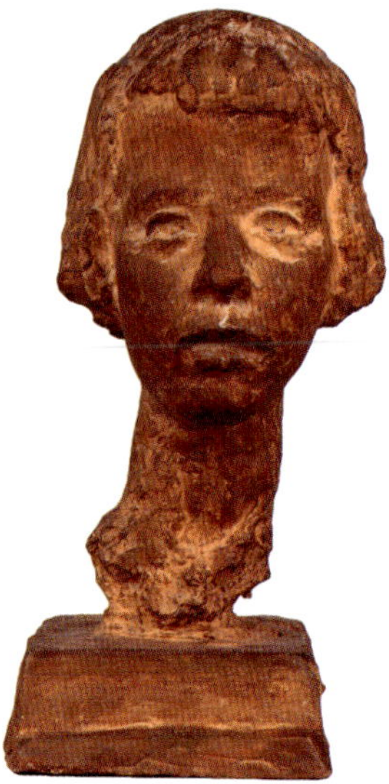

Kopf eines Knaben (Manfred Osthaus), 1912, Gips, terrakottafarben gefasst, 46,9 × 23,9 × 25,7 cm

1912 ist Lehmbruck also sehr beschäftigt und viel unterwegs, sodass in diesem äußerst erfolgreichen Jahr keine neue Großplastik mehr entsteht. Stattdessen fertigt er kleinere Arbeiten wie *Kopf eines Knaben* an, der erneut seine nun hervorragende Vernetzung belegt. Bei dem Kopf handelt es sich um ein Porträt von Manfred Osthaus, dem Sohn des Sammlers und Mäzens Karl Ernst Osthaus (1874–1921), der 1902 in Hagen das Folkwang Museum als weltweit erstes Museum für zeitgenössische Kunst gegründet hat. Der Junge erscheint 1912 mit seiner Mutter Gertrud in Lehmbrucks Atelier, die nach Paris gereist ist, um mit dem Künstler über seine für dieses Jahr im Folkwang Museum geplante Ausstellung zu sprechen und um eine Arbeit – den *Kleinen weiblichen Torso,* später *Hagener Torso* genannt – zu erwerben. Lehmbruck nutzt die Gelegenheit, um Manfred in seinem neuartigen Stil zu porträtieren: Der Kopf als Sitz des Geistes ist am Halsansatz nur noch punktuell mit dem Sockel verbunden, sodass er sich mit seiner flirrenden Oberfläche gerade erst zu materialisieren scheint.

Voller Intensität, nichts leer, voller Wärme, voller Tiefe! [...] Skulptur ist das Wesen der Dinge, das Wesen der Natur, das, was ewig menschlich ist. Wilhelm Lehmbruck, undatierter Text aus der Pariser Zeit, 1910–14

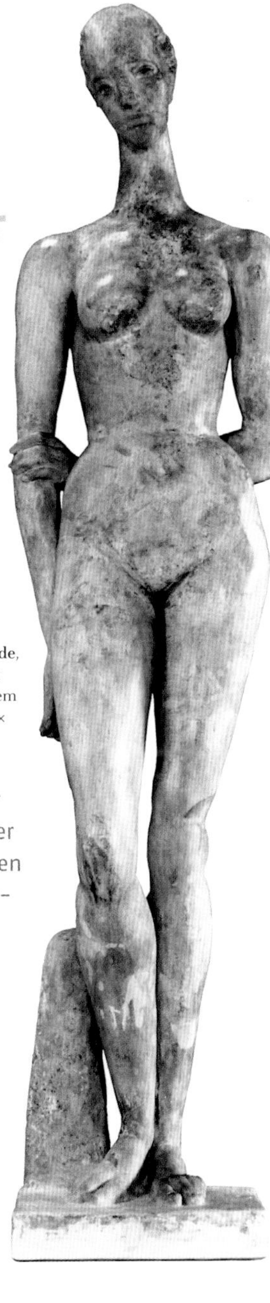

Große Sinnende, 1913, Gips mit schellackartigem Überzug, 211 × 51 × 43,5 cm

Dem expressionistischen Geist. Die Figur der *Großen Sinnenden* ist stolze 2,11 Meter hoch, völlig nackt und wirkt mit ihren schlanken Gliedmaßen sowie ihrer verhältnismäßig breiten Hüfte alters- und zeitlos. Ihr allgemeingültiger Anspruch drückt sich zusätzlich in der Kombination von antiken Elementen, wie Kontrapost, Nacktheit und Monumentalität, mit hochmodernen Aspekten, wie abstrahierte Körperformen und gelängten Proportionen, aus. Als ewig Sinnende huldigt sie dem expressionistischen Geist.

ENTSTEHUNG DER *GROSSEN SINNENDEN* UND HINWENDUNG ZUR MALEREI

Am 13. Juni 1913 wird Lehmbrucks zweiter Sohn geboren, der wie Osthaus' Sohn den Namen Manfred erhält. Anita ist für die Geburt nach Düsseldorf zu ihrer Schwester gereist und kehrt Ende Juni mit dem Neugeborenen, dem vierjährigen Guwi und ihrer Schwester, die sie in der ersten Zeit unterstützen wird, nach Paris zurück. Lehmbruck ist dort nicht nur intensiv mit den letzten Vorbereitungen für seine Teilnahme an der *Armory Show* beschäftigt, die im Juli in New York eröffnet, sondern sieht sich plötzlich mit dem Problem eines überfüllten Wohnateliers konfrontiert, das ihm kein konzentriertes Arbeiten mehr erlaubt. So mietet er kurzerhand ein zweites Atelier in der Rue d'Odessa, nur wenige Gehminuten entfernt. Dort verfügt er über so viel Platz, dass er seine Figuren, die seiner Theorie zufolge ihren expressionistischen Geist in Überlebensgröße ausdrücken, nun nicht mehr knien lassen muss.

Hier entsteht 1913 die *Große Sinnende*. Mit dieser Figur aktualisiert Lehmbruck sein drei Jahre zuvor anhand der *Großen Stehenden* entwickeltes bildhauerisches Konzept noch einmal, übersetzt es in seinen neuen Stil und erreicht stilistisch und thematisch einen künstlerischen Höhepunkt.

Außerdem tritt er jetzt mit einem großen Format als Maler hervor. *Vier Frauen, große Komposition* von 1914 zeigt drei stehende und eine sitzende Figur in einer nur schemenhaft angedeuteten Landschaft, die keinen Bildraum vorgibt. Vorder- und Hintergrund organisieren sich durch den Auftrag der Farbe, die zwei Stehende und die Sitzende zu einer Hauptgruppe zusammenfasst und eine vierte, androgyne Figur nur als Büste sichtbar werden lässt. Farbauftrag und Thema verweisen auf Cézannes damals viel diskutierten Werkkomplex der *Badenden*, kompositorisch variiert es aber Pablo Picassos berühmtes Gemälde *Les Demoiselles d'Avignon* von 1907, auf das es auch farblich anspielt. Picassos Gemälde gilt heute als Wendepunkt in der Geschich-

Vier Frauen, große Komposition, um 1914, Öl und Tempera auf Leinwand, 190 × 131,5 cm

Pablo Picasso, **Les Demoiselles d'Avignon**, 1907, Öl auf Leinwand, 243,9 × 233,7 cm

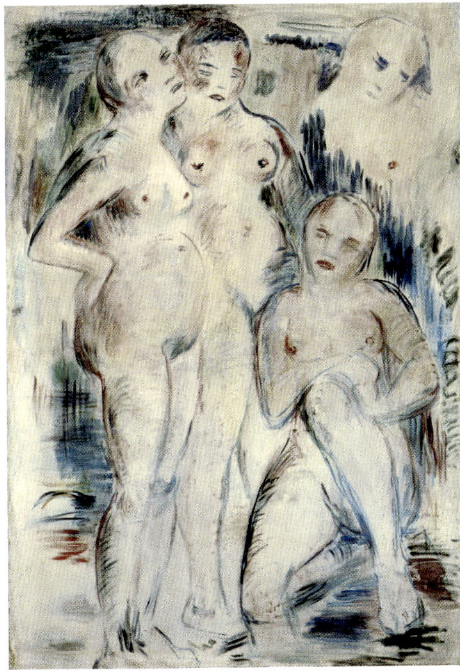

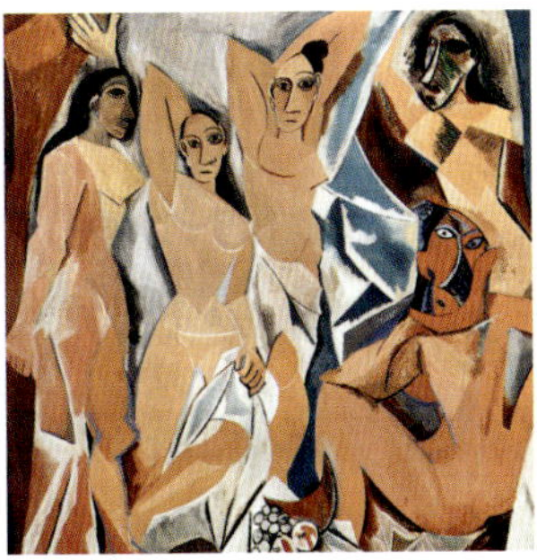

te der abendländischen Malerei. Öffentlich ausgestellt wurde es zwar erst 1916, aber es war der Pariser Kunstszene sicher bekannt und dürfte Gesprächsstoff im Café du Dôme gewesen sein, das die Künstler frequentiert haben. Picasso hat in seinem Gemälde die Wildheit, Ursprünglichkeit und auch Derbheit des sich von zivilisatorischen Zwängen befreienden Menschen thematisiert, indem er Prostituierte in einem neuen kubistischen Stil auf die Leinwand gebannt hat. Lehmbruck bildet im Gegenzug erneut die Schönheit des Menschen ab, indem er mit der Komposition der Figuren auch auf das Thema des Paris-Urteils anspielt und mit der Darstellung von Schwangeren auf den für den Expressionismus charakteristischen Gedanken an Erneuerung und eine freudige Zukunft verweist. Sein künstlerisches Selbstwertgefühl ist auf dem Gipfel.

Inspiriert durch Kollegen wie Rodin, Brancusi und Archipenko, beschäftigt sich Lehmbruck auch intensiv mit der Frage, wie sich aus

Emporsteigender Jüngling, 1913/14, Bronze,
dunkelbraun-anthrazit patiniert, 226 × 76 × 56 cm

der menschlichen Figur durch formale Reduktion bildhauerische Prinzipien gewinnen lassen. Die Lösung findet er in der Zergliederung der Figuren in Torsi und Köpfe. Zu den schönsten Beispielen zählen der *Mädchenkopf auf schlankem Hals (Kopf der Großen Sinnenden)* von 1913/14, den Lehmbruck selbst treffend als *Die Langhalsige* bezeichnet, und der Torso der *Großen Sinnenden* von 1914.

DER EMPORSTEIGENDE JÜNGLING, EIN HAUPTWERK DES EXPRESSIONISMUS

Gegen Ende des Jahres 1913 beginnt Lehmbruck mit der Arbeit an einer neuen Plastik, die er im Januar 1914 abschließt. Diesmal ist es eine männliche: der *Emporsteigende Jüngling*. Die extrem schlanke und monumentale Figur besteht bei einer Höhe von 2,26 Metern zur Hälfte aus Beinen. Das linke steht angewinkelt auf einem Erdhügel. Der Jüngling ist aber nicht im Schreiten begriffen, sondern steht mit beiden Füßen fest auf der Erde. Sein Kopf ist leicht nach vorn gebeugt, und das Gesicht mit den ins Leere blickenden Augen und der faltenzerfurchten Stirn drückt höchste Konzentration aus. Mit dem *Emporsteigenden Jüngling*, der als männliches Pendant zur *Großen Sinnenden* und in kollegialer Konkurrenz zu Rodins Arbeiten konzipiert ist, schafft Lehmbruck nicht nur sein viertes Pariser Meisterwerk, sondern auch ein Hauptwerk des Expressionismus. Im Kontext von Nietzsches damals weit verbreitetem Buch *Also sprach Zarathustra* drückt Lehmbrucks ausgezehrte „Denker"-Figur nämlich auch den Widerstreit zwischen dem Fleisch und dem Geist aus, der als zentrales Thema des Expressionismus gilt.

Das letzte in Paris entstandene Figurenpaar ist ein Auftragswerk. Im Februar 1914 erhält Lehmbruck die Nachricht, dass er zwei Plastiken für das Eingangsportal des Teehauses anfertigen soll, das Wilhelm Kreis für die Deutsche Werkbund-Ausstellung in Köln errichtet hat. Er entwirft ein überlebensgroßes Paar, das nur durch eine historische Atelierfotografie überliefert ist: Die *Träumerin* und den *Sitzenden Mann*.

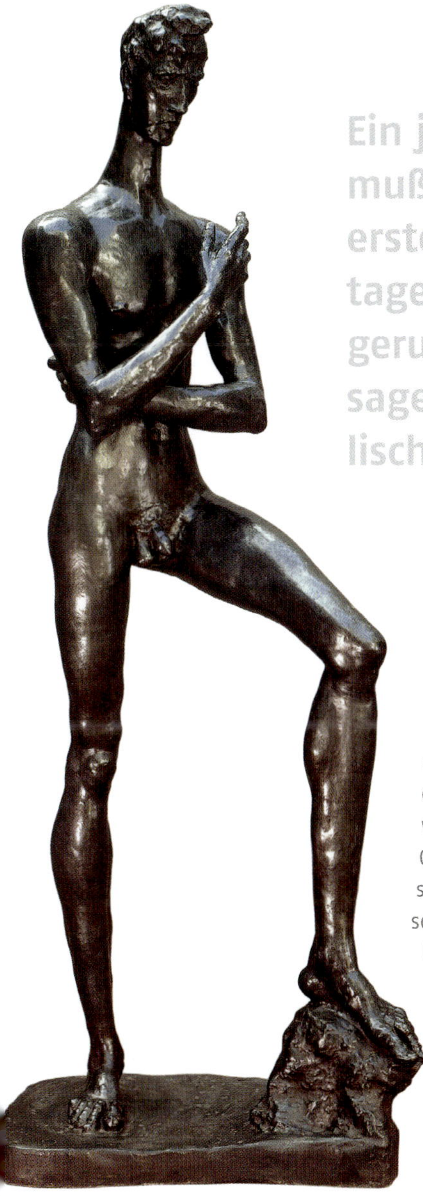

Ein jedes Kunstwerk muß etwas von den ersten Schöpfungstagen haben, von Erdgeruch, man könnte sagen: etwas Animalisches. Wilhelm Lehmbruck, undatierter Text aus der Pariser Zeit, 1910–14

Der göttliche Geist. Der ausgestreckte Zeigefinger des extrem schlanken Jünglings zeigt nach oben, und von dort empfängt er, was ihn im Inneren bewegt: den Geist oder die Idee. Sein „Emporsteigen" ist nicht ein körperliches, sondern ein geistiges. Die Darstellung erinnert an die zentrale Stelle der Schöpfungsgeschichte in Michelangelos Deckenfresko der Sixtinischen Kapelle, in der Adam vom göttlichen Geist zum Leben erweckt wird, sowie an Rodins predigenden *Johannes der Täufer* und an den *Denker*.

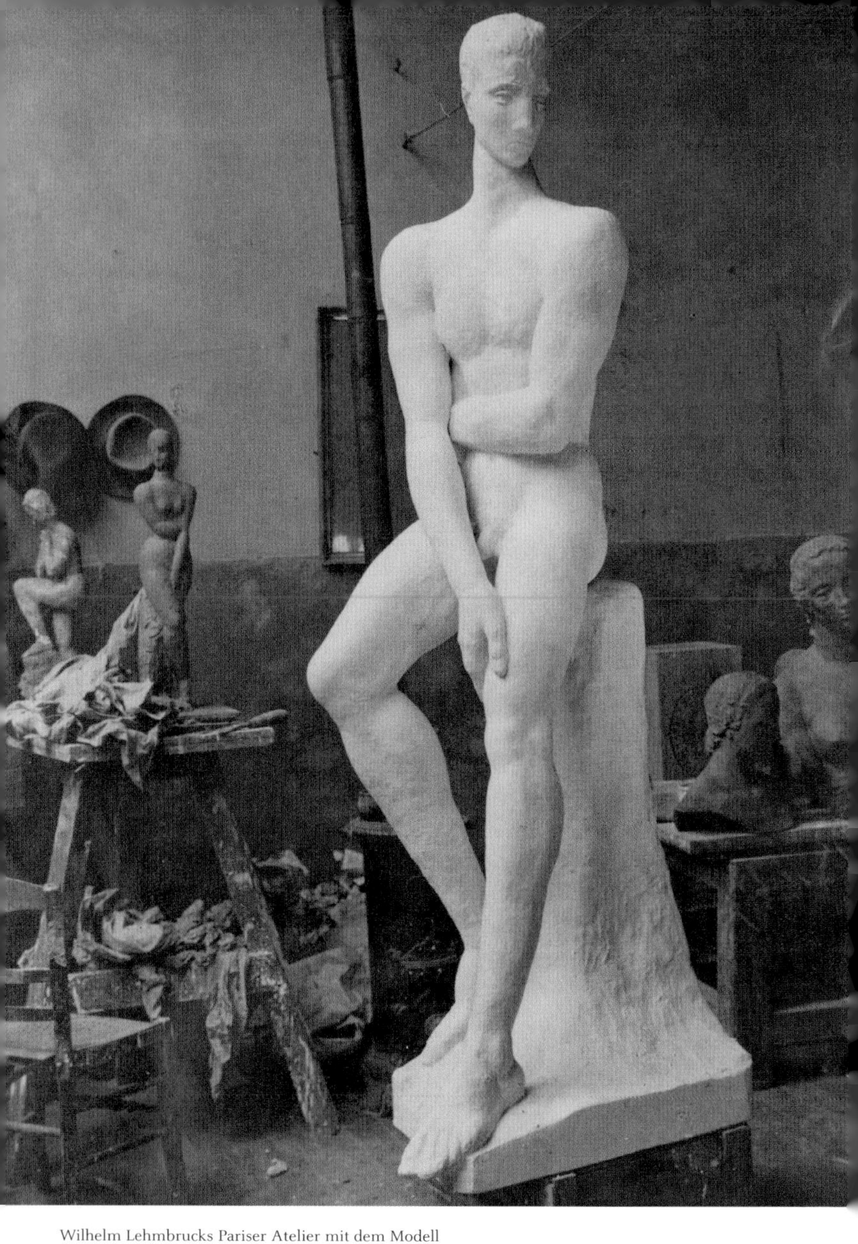

Wilhelm Lehmbrucks Pariser Atelier mit dem Modell
der *Träumerin* und dem Gips des *Sitzenden Mannes*, 1914

Sie sind spiegelverkehrt konzipiert und verdecken ihre Scham. Damit verweisen sie auf den Sündenfall und die Vertreibung aus dem Paradies. Zugleich lässt sich in diesem Thema rückblickend die Vorahnung des Ersten Weltkriegs erkennen.

DIE FRANZÖSISCHE KUNSTKRITIK

In Paris stellt Lehmbruck weiter erfolgreich aus, und im Juni 1914 widmet ihm die neu gegründete Galerie Levesque sogar eine zehntägige Einzelausstellung. Die Galerie liegt im Faubourg St. Honoré Nr. 109 im 8. Arrondissement, in fußläufiger Nähe zum Grand Palais, dem Ausstellungsort der Salons. Lehmbruck konzipiert eine Retrospektive seiner in Paris entstandenen Werke und zeigt insgesamt 9 Gemälde, 40 Grafiken und 18 Plastiken, darunter *Große Stehende, Kniende, Große Sinnende, Träumerin* und *Sitzender Mann*. Noch während der Ausstellungslaufzeit erscheint eine Kritik von keinem Geringerem als Guillaume Apollinaire. Doch sie ist enttäuschend: Lehmbrucks Festhalten am Figurativen, die gelängten Proportionen und die Monumentalität seiner Figuren bringen ihm den spöttischen Vergleich mit dem längst aus der Mode gekommenen französischen Renaissance-Bildhauer Jean Goujon ein.

In Berlin ist die Kritik harscher. Dort kommen Lehmbrucks immer dünner und größer werdende Figuren überhaupt nicht gut an. Zwar wird er in den Vorstand der neu gegründeten **Freien Secession*** gewählt. Doch sein Kollege Ernst Barlach, der ebenfalls Vorstandsmitglied ist, juriert das Werk aus, das Lehmbruck für die Februar-Ausstellung vorgesehen hat: den *Emporsteigenden Jüngling*! Dabei hat Lehmbruck ihn bewusst nicht in seine Pariser Einzelausstellung integriert, sondern ihn als sein reifstes und wichtigstes Werk für die Berliner Ausstellung reserviert. Von diesem Misserfolg berichtet er seiner Frau Anita in einem Brief am 24. Februar 1914: „Allerdings scheint uns der große Kerl [der *Emporsteigende Jüngling*] ungeheuer geschadet zu haben; Cassirer sagte, der Kerl hätte aber auch niemandem gefallen und wenn der ausgestellt würde, wäre ich überhaupt ruiniert." Lehmbrucks

Kunst war für das französische Publikum zu traditionell und für das deutsche zu modern geworden.

Mitte Juli 1914 ist Lehmrbuck zwei Wochen in Köln, um die *Träumerin* und den *Sitzenden Mann* am Teehaus in der Werkbundausstellung zu installieren. Die Stimmung in Deutschland ist geprägt durch die sogenannte Julikrise und den daraus resultierenden Kriegsfatalismus. Lehmbruck spürt, dass ihm und seiner Familie nicht mehr viel Zeit bleibt, um Paris zu verlassen. Er reagiert sofort und bricht seinen Aufenthalt in Köln ab, um zurück nach Paris zu reisen. Dort sind die Boulevards inzwischen militärisch besetzt und abgesperrt, der Ausbruch des Kriegs steht unmittelbar bevor. Lehmbruck packt mit seiner Familie in Windeseile den persönlichen Besitz zusammen und mobilisiert zusätzlich Helfer, um seine Kunstwerke reisefertig zu machen. Das Ziel ist Köln, wo Lehmbruck seine Familie zunächst in einem Gasthof einquartiert. Später mietet er „vorübergehend" eine Wohnung in der Neuen Maastrichter Straße 26 an, um nur wenige Tage darauf mit seiner Familie in eine andere Wohnung am Appellhofplatz 11 umzuziehen. Dass nach der Abreise der Familie Lehmbruck aus Paris der *Sitzende Mann* auf dem Hof des zweiten Ateliers zurückbleibt, wo er später spielenden Kindern als Zielscheibe dient, zeugt von der großen Hast, mit der die Reisevorbereitungen vonstatten gingen.

Berlin scheint auf Dauer aber ein geeigneterer Standort zu sein, denn die preußische Hauptstadt verfügt mit ihrer Akademie der Künste, ihren Museen und Galerien immer noch über ein reiches kulturelles Leben, und dort befindet sich auch das Geschäft von Lehmbrucks Galeristen Paul Cassirer, der über ein gutes Netzwerk verfügt. Im November reist Lehmbruck also nach Berlin und macht sich auf Wohnungs- und Ateliersuche.

Der Erste Weltkrieg

UMZUG NACH BERLIN

Lehmbruck reist zunächst allein nach Berlin, um sich auf die Suche nach einem Wohnatelier zu machen. Er mietet sich vorläufig mit polizeilicher Anmeldung vom 7. November 1914 in eine kleine Wohnung in der Wilhelmshöher Straße 5 in Berlin-Friedenau ein. Dass er dort nicht seine vierköpfige Familie unterbringen und zusätzlich ein Atelier einrichten kann, ist schnell klar. Nur zehn Tage später findet er eine andere Unterkunft in Berlin-Schöneberg in der Rubensstraße 26. Jetzt holt er auch Anita und die beiden Söhne nach. Knapp zwei Wochen später zieht die Familie ein weiteres und letztes Mal um, denn Lehmbruck findet ein „hübsches Atelier mit einer netten Wohnung" in der Fehlerstraße 1 in Berlin-Friedenau – in Nachbarschaft zu den Ateliers von zahlreichen Künstlerkollegen und nur einen Katzensprung von der Bronzegießerei Hermann Noack in der Fehlerstraße 8 entfernt. Dies erscheint ideal, denn Lehmbruck hat durch die hastige Abreise aus Paris diverse Werke – vor allem Bronzen – verloren. „So ist noch manches in Paris stehen geblieben in dem Atelier, [...] und eine Reihe von Bronzen liegen auf der Strecke Paris-Berlin, die hier nicht mehr angekommen [sind]", schreibt er am 20. November 1914 an den hallensischen Museumsdirektor Dr. Max Sauerlandt (1880–1934). Ein knappes Jahr später besteht diese Möglichkeit kriegsbedingt schon nicht mehr, wie er Sauerlandt in einem weiteren Brief

Was mich anbetrifft, so ist die Sache jetzt so, dass ein junger Mann in meinem Alter sich ohne Feldgrau fast nicht mehr auf der Straße sehen lassen kann.

Wilhelm Lehmbruck an Max Sauerlandt, 20. November 1914

am 11. Februar 1916 mitteilt: „Für die Bildhauer ist es von übel, dass die Bronzegießer keine Bronzen mehr gießen dürfen."

Seine Werke lagert er in einem Atelier in der Uhlandstraße 76 in Berlin-Wilmersdorf ein. Um ungestört arbeiten zu können, mietet Lehmbruck im Oktober 1915 ein weiteres Atelier in der Südwestkorso-Straße 4 in Friedenau.

Bereits im Februar 1914 ist Lehmbruck während eines Abstechers nach Berlin zu seinem Galeristen Paul Cassirer in der dortigen Kunstszene aktiv: Er ist, neben Ernst Barlach und Max Beckmann, Gründungsmitglied und Vorstand in der neuen Künstlervereinigung Freie Secession. Nach seinem Umzug nach Berlin intensivieren sich seine Kontakte zu den dort ansässigen Kollegen, wie den ehemaligen Brücke-Künstlern Erich Heckel, Ernst Ludwig Kirchner, Karl Schmidt-Rottluff, Hermann Max Pechstein, Otto Mueller – die allerdings zwischen 1915 und 1916 eingezogen werden –, Heinrich Zille, Ludwig Meidner und Arthur Degner. Zu seinen engsten Kontakten zählt Emil Nolde, den Lehmbruck schon 1912 beim Bankett zur Sonderbund-Ausstellung um seine Meinung bezüglich der *Knienden* gebeten hat. Nach einem Atelierbesuch im Februar 1916 bezeichnet Lehmbruck ihn nicht nur als „einen der Allerbegabtesten unter den Jüngeren", sondern auch als „Ausnahme" unter den „zu neidischen, zu gesellschaftlichen" Kollegen. Zu Letzteren zählt er Ernst Barlach, der wie er Vorstandsmitglied der Freien Secession ist, ihm aber den künstlerischen Neubeginn in Berlin maßgeblich erschwert hat. Denn Barlach hat im Februar 1914 als Jury-Mitglied für die am 12. April eröffnende Ausstellung der Freien Secession Lehmbrucks aktuelles plastisches Hauptwerk, den *Emporsteigenden Jüngling*, ausjuriert. Bitter schreibt Lehmbruck in einem Brief vom 24. Februar 1914 an seine Frau: „Ich habe auch nie geglaubt, wie sich das rund spricht[,] wenn mal eine Arbeit refusiert ist, besonders so eine große." Umgekehrt hebt der Maler und Schriftsteller Ludwig Meidner rückblickend Lehmbrucks „ausgesprochene und feine Kollegialität anderen Künstlern gegenüber" hervor.

Gar nicht so übel, da draußen zu fallen! Den Franz Marc beneide ich oft. Was tu ich eigentlich hier?

Wilhelm Lehmbruck zu Fritz von Unruh, 1917

„MAN MÜSSTE MIT HINAUSMARSCHIEREN"

Zum Arbeiten kommt Lehmbruck in Berlin vorerst jedoch nicht. Auch ihn erfasst, wie so viele andere Künstler, die erste Welle der Kriegsbegeisterung und mit ihr der Wunsch, das Vaterland an der Front zu verteidigen. Er meldet sich wiederholt freiwillig, wird aber jedes Mal abgelehnt – offenbar erscheint er den Militärvertretern körperlich nicht fit genug. Schließlich wird er dem Landsturm ohne Waffen zugeteilt, dem letzten Aufgebot aller Wehrpflichtigen. Lehmbruck ist unruhig, wie er Sauerlandt brieflich am 20. November 1914 mitteilt: „Bisher war es mir fast unmöglich, irgendetwas Vernünftiges zu schaffen; man hatte immer das Gefühl, man müsste mit hinausmarschieren: Nach verschiedenen Versuchen, freiwillig anzukommen, werde ich jetzt wohl warten müssen, bis der Landsturm ohne Waffe auch noch gebraucht werden kann. Wissen Sie keinen guten Rat darin?"

In der Folgezeit entstehen erste kleinere Arbeiten, die sich mit dem Krieg auseinandersetzen. Neben zahlreichen Grafiken wie *Untergehende Menschen* und *Verwundete* fertigt Lehmbruck zum Jahreswechsel 1914/15 die Kleinplastik *Stürmender/Getroffener* an, eine freie Variation nach Rodins *Verlorenem Sohn* vom *Höllentor*. In labilem Gleichgewicht steht die Figur mit einem Fuß noch fest auf dem Boden, während sich der andere im letzten Aufbäumen schon davon löst. Im Oberkörper verliert der Getroffene bereits die Kontrolle über seine langen, schlanken Gliedmaßen, die er vor dem unmittelbar bevorstehenden Zusammenbruch nach oben reißt. Ob diese Referenz an die französische Plastik trotz aller bildhauerischen Modernität in Kriegszeiten ein künstlerisch geschickter Schachzug ist? Außerdem glorifizieren Lehmbrucks sterbende Figuren das Kriegsgeschehen nicht.

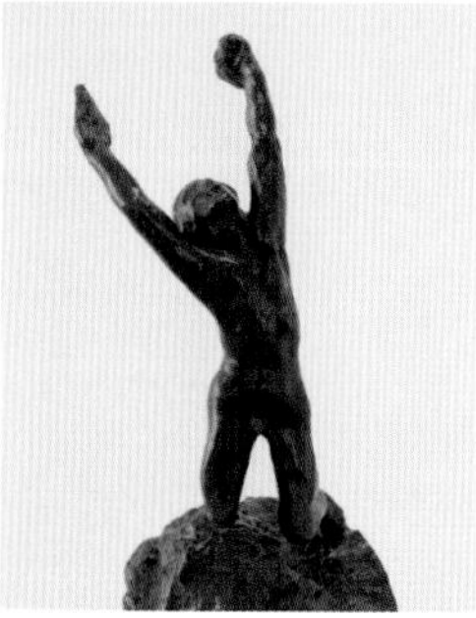

Auguste Rodin, **Der verlorene Sohn**, 1889, Bronze, Guss Alexis Rudier, 56 × 29 × 29 cm

Dennoch drücken sie in ihren emporgerissenen Armen und zum Himmel gewandten Gesichtern eine gewisse Hoffnung aus, dass das Sterben an der Front nicht umsonst ist: Sie streben immer noch in die Höhe. Anders als der zu geistigen Höhen *Emporsteigende Jüngling* werden sie durch den Krieg aber vorzeitig zu irdischem Staub zerfallen. Bildlich ausgedrückt hat Lehmbruck dies nur kurze Zeit später in der Kleinplastik *Gefallener*, in der der leblose jugendliche Körper bereits mit einem Erdhügel verschmilzt.

Um sich dem Kriegsgeschehen zu nähern, entschließt sich Lehmbruck im Frühjahr 1915, dem Sanitäts-Corps des Roten Kreuzes in Berlin beizutreten. Er hilft, Verwundete aus den von der Front kommenden Lazarett-Zügen auszuladen, auf fahrbare Krankenbahren umzubetten und zu betreuen. Die schweren, oft infizierten und übel riechenden Wunden und der psychische Zustand der Versehrten vermitteln ihm jetzt eindrücklich,

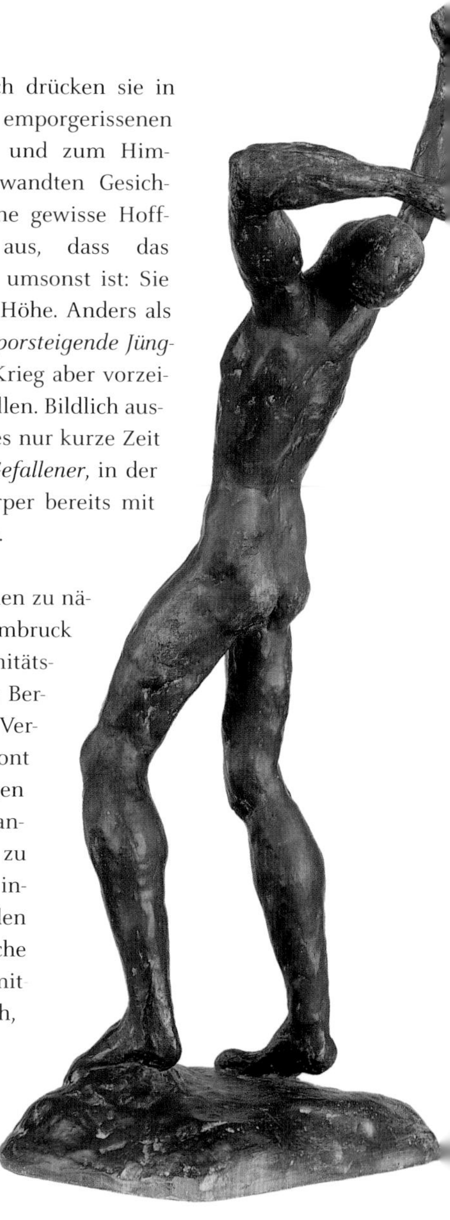

Stürmender/Getroffener, 1914/15, Gips und Modellierwachs, 45 × 15,8 × 20,8 cm

wie wenig heroisch und wie entsetzlich der Krieg tatsächlich ist. Die Arbeit im Lazarett ist körperlich und seelisch äußerst hart, physischer Ekel und Alpträume sind auch für die Sanitäter Alltag. Dennoch beschließt Lehmbruck, sich mit der geschickten Berufsangabe „Kunstmaler" beim Feldheer als Kriegsmaler zu bewerben, um an der Front Eindrücke zu sammeln, die er später „zu künstlerischen Leistungen verarbeiten würde". Seine in dieser Zeit entstandenen Gemälde *Fliehende (Krieg, Überschwemmung)* und *Pietà* belegen sein Können auf diesem Gebiet. Er bekommt für das Frühjahr 1916 eine Zusage mit der Information, dass er „voraussichtlich dem Armeeoberkommando in Strassburg zugeteilt" wird, allerdings nur unter der Voraussetzung, dass er zu Jahresbeginn ein ärztliches Attest über seinen Gesundheitszustand vorlegt. Erneut wird er als „nicht felddienstfähig" beurteilt

Fliehende (Krieg, Überschwemmung), 1915, Öl, Tempera und Kreide auf Leinwand, 194,5 × 109 cm

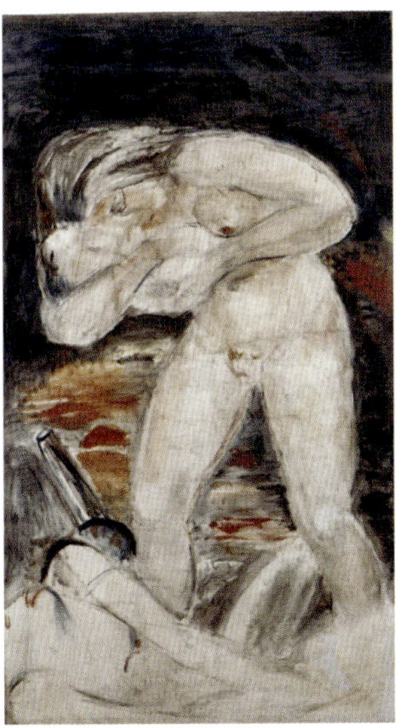

Pietà, 1915/16, Öl und Tempera auf Leinwand, 72,5 × 53,5 cm

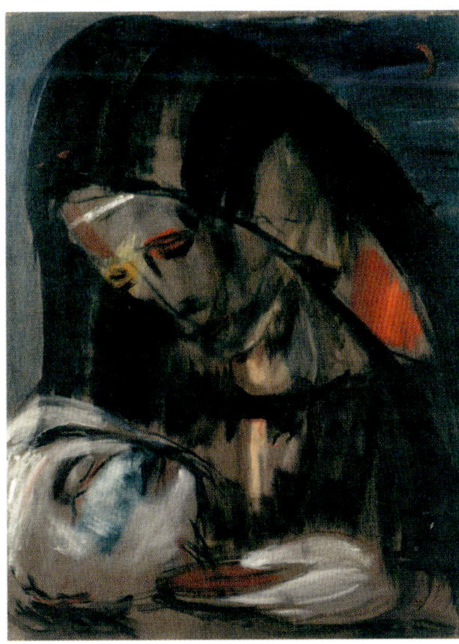

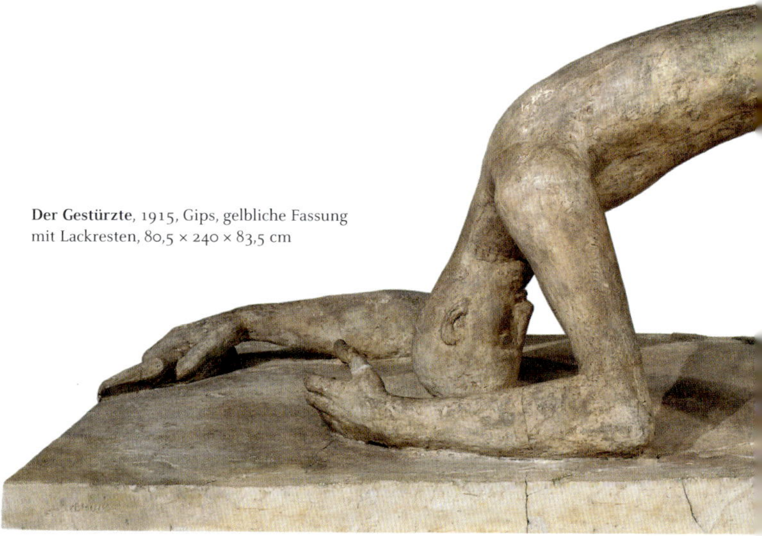

Der Gestürzte, 1915, Gips, gelbliche Fassung mit Lackresten, 80,5 × 240 × 83,5 cm

und wegen Schwerhörigkeit vom Militärdienst freigestellt. So entschließt er sich, die Arbeit im Sanitätsdienst in Berlin fortzusetzen. Dass dies auch seiner künstlerischen Arbeit zuträglich ist, schreibt er am 11. Februar 1916 an Sauerlandt: „Der Dienst ist nicht zu schwer und auch ganz interessant, besonders die rein menschliche Seite. Da dieser Dienst meinerseits vorläufig freiwillig ist, bleibt mir der größte Teil meiner Zeit zum Arbeiten in künstlerischen Dingen. Die erste Zeit des Krieges konnte ich jedoch monatelang nichts machen, und erst seit einem halben Jahr bin ich richtig wieder drin."

EIN KRIEGERDENKMAL FÜR DUISBURG?

In der Folgezeit gelingt es Lehmbruck, rasch nacheinander zwei weitere überlebensgroße plastische Hauptwerke zu erschaffen: den *Gestürzten* und den *Sitzenden Jüngling*. Sie entstehen im Rahmen eines Wettbewerbs, den seine Heimatstadt Duisburg für ein Kriegerdenkmal ausschreibt, das auf dem Ehrenfriedhof am Kaiserberg für die Gefallenen errichtet werden soll. Im Januar 1915 lädt der Duisburger Stadtbaurat neben anderen Künstlern auch Lehmbruck zur Beteiligung an diesem

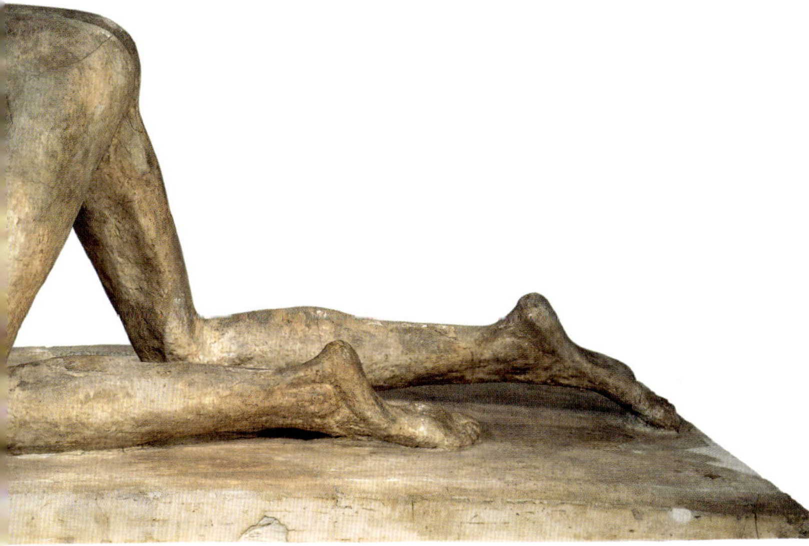

Wettbewerb ein. Die Konkurrenten sollen Modelle für eine „Kriegerfigur“ einreichen, die eine Jury beurteilen und prämieren wird. Das Angebot ist äußerst verlockend: Es verspricht die im Krieg höchst seltene Möglichkeit, eine lebensgroße Figur realisieren zu können, die in Bronze gegossen und mit einem Honorar bezahlt wird. Der Haken an der Sache ist, dass Lehmbruck dem künstlerischen Urteilsvermögen der Stadtverwaltung misstraut, welche bereits konkrete Vorstellungen über eine heldenreiche „Siegfried“-Darstellung geäußert hat. Nach einwöchiger Bedenkzeit antwortet er mit einem Gegenvorschlag: Wenn der Stadtbaurat ihm als gebürtigem Duisburger und Künstler von internationalem Rang den Auftrag außer Konkurrenz übertragen würde, sei er bereit, verschiedene Entwürfe zur Auswahl anzubieten. Vielleicht denkt er hier an seine beiden im Atelier stehenden Kleinplastiken *Stürmender/Getroffener* und *Gefallener*? Ende Februar erhält er die Antwort, dass die Ausschreibung nicht mehr zurückgezogen werden könne, zumal schon Modelle eingeliefert worden seien. Lehmbruck antwortet am 9. März 1915 enttäuscht: „Ich […] möchte […] Ihnen nochmals sagen, daß ich es eigentlich nicht verstehe, daß meine Vaterstadt mir nicht einfach den Auftrag einer solchen Figur überträgt. Ich bin doch kein Anfänger, abgesehen davon, daß ich bisher sicher nicht unbedeutende künstlerische Erfolge hatte, erwarben auch viele staatliche und städtische Museen Werke von mir. Ich darf auch annehmen, daß Sie verstehen, daß ich nicht mit Jedem konkurrieren kann." Den Wettbewerb gewinnt schließlich der Düsseldorfer Hubert Netzer (1865–1939) mit dem Entwurf für einen heldenhaften *Siegfried*. Zu Lehmbrucks Lebzeiten wird sich sein Wunsch, seiner Vaterstadt neben der marmornen *Großen Stehenden* weitere Plastiken zu übereignen, nicht mehr erfüllen.

Dennoch setzt er sich in diesen Jahren intensiv mit dem Thema des Kriegerdenkmals auseinander, das damals offiziell als bildhauerische Hauptaufgabe gilt. Überwiegend zeigen seine grafischen Entwürfe aber nicht strahlende Siegertypen, sondern physisch und psychisch gebrochene Kriegsopfer, wie Lehmbruck sie aus dem Lazarett kennt. Im Februar 1916 erregt sein *Sterbender Krieger*, der später als *Der Gestürzte* berühmt wird, in der Ausstellung der Freien Secession großes Aufsehen. Er ist Lehmbrucks eindrücklichste Antikriegsplastik. Anders als der *Gefallene*, der im Tod bereits mit der Erde verschmilzt, stemmt sich der *Gestürzte* auf allen Vieren mit Kopf, Ellenbogen und Knien fest gegen die Anziehungskraft der Erde und widersteht so – vorerst – dem Tod. Letzterem gilt sein Kampf, denn als Krieger hat er längst ausgedient: Sein Schwert ist gebrochen, seine – einst auf den Sieg gerichtete – Perspektive hat sich in die entgegengesetzte Richtung gedreht, und sein Nacken als gefährdetste Stelle des Körpers ist schutzlos preisgegeben. Als Sinnbild für die gefallene Jugend kann der *Gestürzte* auch als Kontrapunkt zum *Emporsteigenden Jüngling* gesehen werden.

Das Presseecho ist vernichtend! Lehmbrucks Freund und Biograf Paul Westheim berichtet rückblickend: „Als Lehmbruck in Berlin [...] sein ergreifendes Werk, den *Sterbenden Krieger*, auch *Der Gestürzte* benannt, ausgestellt hatte, schickte er mir [...] einen Pack Zeitungsaus-

Sitzender Jüngling, 1916/17, Bronze, anthrazitfarben patiniert, Guss Ferdinand von Miller, München, 1922, 99,3 × 76,5 × 112,2 cm

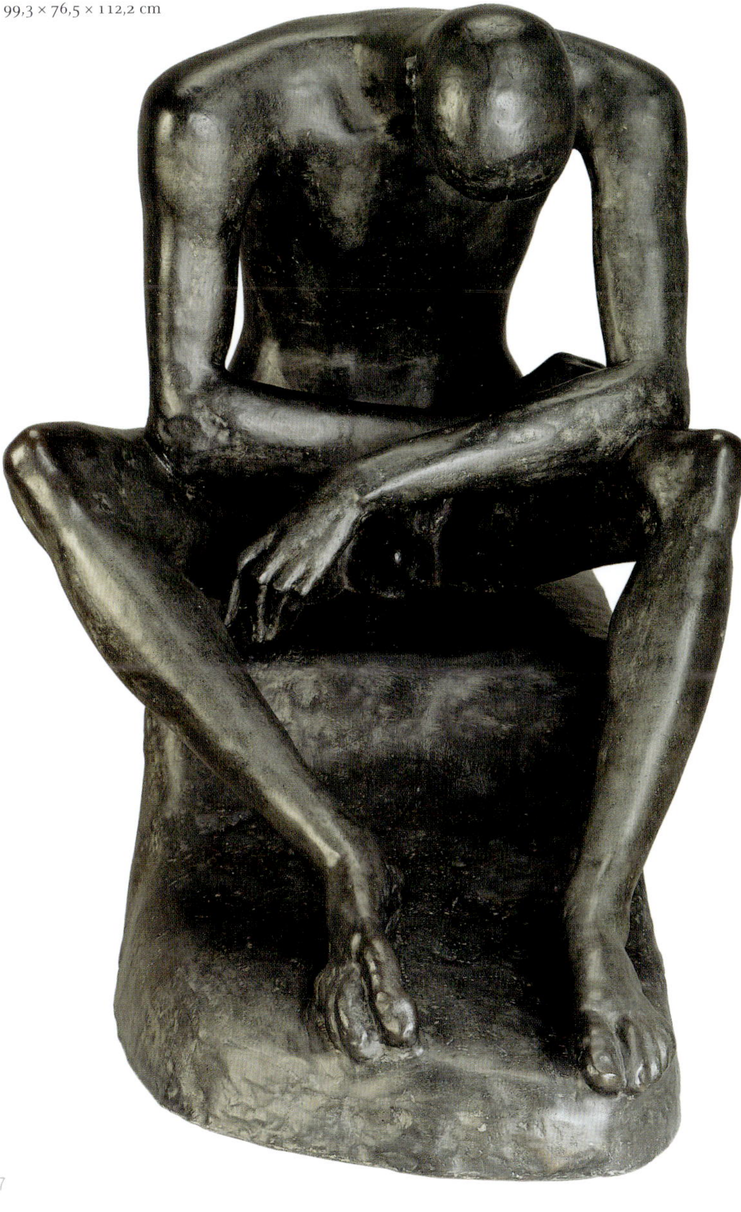

schnitte; das Echo, das seine Arbeit gefunden hatte. Der Kritiker einer der größten Berliner Tageszeitungen hatte seinen Aufsatz überschrieben ‚Niggerei'. Eine schrieb: ‚Dieser Mikrokephale [Kleinköpfige] mit den unerhört langen Beinen, dem unerhört langen Halse wird wohl in irgendeiner Jahrmarktsbude sein verdientes Ende finden.'"

Mit dem *Sitzenden Jüngling* entwickelt Lehmbruck zwischen 1916 und 1917 ein zweites Konzept für ein Kriegerdenkmal. Sein Jüngling, den er nach seinem schlaksigen Freund Arthur Degner modelliert, sitzt mit hängendem Kopf breitbeinig auf einem abstrahierten Sockel. Mit den Ellenbogen stützt er seinen vornübergebeugten Oberkörper auf die Oberschenkel. Dadurch entsteht, ähnlich wie bei dem *Gestürzten,* zunächst der Eindruck einer in sich gefestigten Haltung. Bei genauerem Hinsehen erweist sich der Aufbau der Figur aber als instabil: Ihr rechter Fuß hat sich vom Grund gelöst, sodass der stützende Schenkel nach rechts wegzukippen und die Figur in sich zusammenzusacken droht. Lehmbruck setzt sich in dieser Figur mit Rodins berühmtem *Denker* vom *Höllentor* auseinander, wie er später seinem Freund, dem Literaten Fritz von Unruh, erläutert: „Das ist meine Konzeption eines ‚Denkers'. Rodins ‚Penseur' ist so muskulär wie ein Boxer. [...] was wir Expressionisten suchen, ist: präzis aus unserem Material den geistigen Gehalt herauszuziehen. Seinen äußersten Ausdruck [...]." Während Rodins *Denker* im „Höllentor" als Genius über dem Höllengesang von Dantes *Göttlicher Komödie* meditiert, reflektiert Lehmbrucks *Sitzender Jüngling,* der formal an die Tradition religiöser Andachtsfiguren wie „Christus im Elend" anknüpft, über den Sinn des Lebens in todbringenden Kriegszeiten.

Dieses letzte großformatige Hauptwerk wird nach Lehmbrucks Tod schließlich doch noch der Bestimmung zugeführt, für die seine Antikriegsplastiken ursprünglich konzipiert wurden. Drei Jahre nach dem verlorenen Krieg sieht die Duisburger Stadtverwaltung im *Sitzenden Jüngling* eine aktuelle Gegendarstellung zum heroisierenden Denkmal einer vergangenen Epoche und lässt eine Bronze gießen, die bis zum

Ende des Zweiten Weltkriegs auf dem Duisburger Ehrenfriedhof aufgestellt bleibt. Anschließend geht sie in die Sammlung des städtischen Kunstmuseums ein und befindet sich heute im Lehmbruck Museum.

EIN MÄZEN IN KRIEGSZEITEN

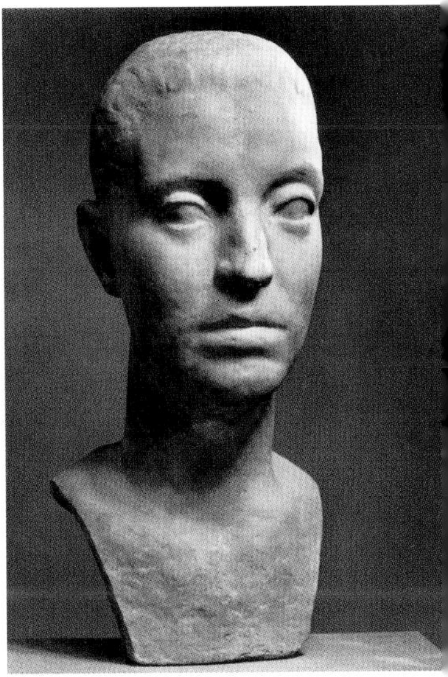

Büste Sally Falk, 1916, Gips, terrakottafarben gefasst, 56 × 24 × 26 cm

Anfang April 1916 besucht der erst 28 Jahre alte Mannheimer Textilfabrikant Salomon – genannt: Sally – Falk (1888–1962) Lehmbruck im Atelier und kauft eine mittelgroße Plastik, die 1913 in Paris entstandene *Badende*. Die Bekanntschaft besteht seit 1915 und hat sich zu einer fruchtbaren Symbiose entwickelt. Sally Falk ist Kriegsgewinnler, er steht als Großkaufmann im Dienst der Heeresleitung und liefert die Uniformen. Er kann es sich leisten, Lehmbruck als finanzkräftiger Mäzen mit einer monatlichen Rente zu unterstützen, die dem Künstler den familiären Lebensunterhalt sichert und das Weiterarbeiten ermöglicht. Im Gegenzug darf Sally sich jährlich Werke aussuchen und baut so seine Kunstsammlung aus. 1918 wird das Inventar seiner Lehmbruck-Sammlung 16 Plastiken, 8 Ölgemälde und Pastelle sowie 62 Grafiken umfassen, die Sally teils als Ausgleich für seine Zuwendungen erhalten und teils angekauft hat.

Im Sommer 1916 beauftragt er Lehmbruck mit Porträtbüsten von sich und seiner aus Genf stammenden Frau Adèle. Dieser Auftrag ist der größte, den Lehmbruck im Krieg erhalten wird. Er nimmt ihn sehr ernst und bereitet die idealisierten, flächig-modern und zugleich fein modellierten Gesichter der Büsten mit einer Vielzahl an Zeichnungen,

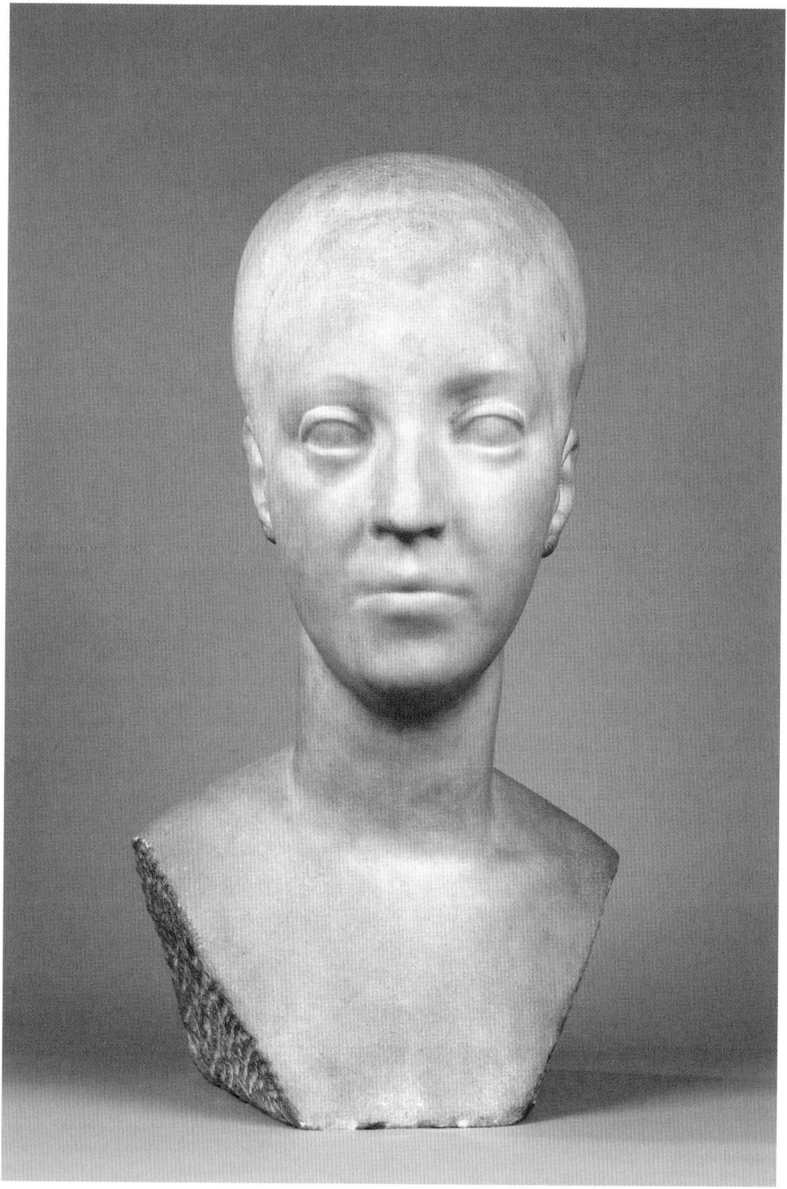

Porträtbüste Adèle Falk, 1916, Marmor, 58 × 29,5 × 30 cm

Radierungen und Lithografien vor. Außerdem entstehen zwei variierende Gipsversionen, die verraten, dass Künstler und Auftraggeber über die Form und das Material der Büsten diskutiert haben. In den ersten Gipsen wählt Lehmbruck für den Abschluss von Sallys Porträt den üblichen Pyramidenstumpf, während er Adèles Porträt um die reizvolle Schulterpartie ergänzt. Das sagt Sally offenbar nicht zu, da Lehmbruck Adèles Porträt in einer zweiten Version entsprechend anpasst. Parallel werden die Materialien für die Schlussversionen festgelegt, denn Sallys Porträt bekommt einen frei schwingenden, für Metallgüsse typischen Sockel, während Adèles Porträt einen blockhaften, für Stein geeigneten Sockel erhält. Als Probeabguss fertigt Lehmbruck die *Porträtmaske Sally Falk* in Kunststein an, die er selbst gießen muss, da auch die Techniker aus den Gießereien an die Front berufen sind. Zuletzt entstehen die dunkle, Licht reflektierende und maskulin hart wirkende *Porträtbüste Sally Falk* aus Bronze sowie die helle, Licht absorbierende und die Züge mildernde *Porträtbüste Adèle Falk* aus Marmor.

Im Winter 1916 setzt sich Sally dafür ein, dass Lehmbruck in der Kunsthalle Mannheim ausstellen kann. Die vom 12. November bis 6. Dezember laufende *Kollektiv-Ausstellung Wilhelm Lehmbruck* ist mit 25 Plastiken, 10 Gemälden und Pastellen sowie diversen Grafiken nicht nur Lehmbrucks erste, sondern zu Lebzeiten auch größte Einzelausstellung in Deutschland. Unter seinen großformatigen Hauptwerken ist neben der *Knienden* (1911), der *Großen Sinnenden* (1913), dem *Emporsteigenden Jüngling* (1913/14) und dem noch nicht vollendeten *Sitzenden Jüngling* (1916/17) auch die *Große Stehende* (1910) ausgestellt, die er durch Sallys Vermittlung zwei Monate vor seiner Ausstellung an die Kunsthalle Mannheim verkaufen konnte. Das Vorwort zum begleitenden Katalog stammt von Sallys Berliner Schriftstellerfreund Theodor Däubler (1876–1934). Von den 37 aus der Ausstellung heraus verkauften Werken geht der größte Teil in Sally Falks Sammlung ein, der jetzt mit knapp 100 Werken über die größte Lehmbruck-Sammlung weltweit verfügt.

NUR WEG AUS DEUTSCHLAND

Die Glückssträhne endet im Juli 1917: Sally Falk hat sich verspekuliert, seine Firma muss liquidiert werden. Damit endet auch die monatliche Zahlung an Lehmbruck, der in große Not gerät, weil der Lebensunterhalt seiner Familie nicht mehr gesichert ist. Für ihn selbst wird dies eine kaum zu meisternde Aufgabe, denn die Chancen für weitere Verkäufe stehen schlecht: Er trifft den allgemeinen deutschen Zeitgeschmack mit seinen neuen Werken nicht. Das lernt er bitter kennen durch den geplatzten Auftrag für Duisburg und durch die Kritik in einschlägigen Zeitschriften. In *Kunst und Künstler* schreibt Karl Scheffler 1916: „Lehmbruck hat sich auch jetzt noch nicht zurecht gefunden. [...] Sein Talent ist zart und lyrisch, doch sucht er das mystische Monumentale. Das führt dann zum Absonderlichen, zum Gewaltsamen, zu einer Originalität, die keine ist. [...] Lehmbruck kann man immer nur dasselbe sagen: Daß er sein an sich tüchtiges Talent durch diese spirituelle Inzucht zugrunde richten wird. Mit Plastik haben Dinge wie dieser löchrige, gereckte Jüngling *[Emporsteigender Jüngling]* nichts mehr zu tun."

Die Sache steht schlecht. Lehmbruck ist in existenziellen Nöten. Außerdem wird er als Künstler missverstanden. Sehr viele seiner Kollegen, mit denen er sich bis zum Kriegsbeginn regelmäßig austauschen und künstlerisch rückversichern konnte, sind im Krieg gefallen. Die mentale Einsamkeit, die öffentliche Ablehnung seiner Kunst, die Sorge um die Existenzsicherung seiner Familie, die ab Herbst 1916 herrschende Lebensmittelknappheit sowie die im Lazarett und auf den Straßen täglich zu beobachtenden grausamen Auswirkungen des Kriegs stürzen ihn in eine schwere Depression. Im Winter 1916 ist der Tiefpunkt erreicht. Er entschließt sich, Deutschland ein weiteres Mal zu verlassen und flieht mit seiner Familie nach Zürich in die neutrale Schweiz.

Sinnsuche in der Schweiz

UMZUG UND WEITERER FAMILIENZUWACHS

Im November 1916 bereitet Lehmbruck den Umzug nach Zürich vor. Vom Hotel Savoy aus macht er sich auf die Suche nach einer Bleibe und kommt einen Monat später in einem für exilierte Künstler vorgesehenen Dachatelier in der Pestalozzischule unter, deren Leiter Han Coray (1880–1974) seit Kurzem auch als Galerist für die neue **Dada-Bewegung*** tätig ist. Im Januar 1917 findet er ein Zimmer zur Untermiete in der Dufourstrasse 48 und meldet sich bei der Züricher Polizei als „Kunstbildhauer" an – allein! Die Familie kann erst nachkommen, wenn er eine größere Unterkunft gefunden hat. In diesen Wochen verbringt er die Abende oft bei seinem Malerkollegen Hans Richter (1888–1976) und dessen Frau; Ritter berichtet: „Als er [Lehmbruck] 1916 nach Zürich kam, wo noch kein Atelier auf ihn wartete, und wo er wenig Leute kannte, verbrachte er viele Abende bei uns, Geige spielend, weder gut noch schlecht, aber mit der gleichen Überzartheit, die er als Mensch hatte." Die Wohnungssuche gestaltet sich diesmal besonders schwierig und dringlich: Anita ist hochschwanger, die Familie benötigt also mehr Platz – und dies bald. Am 2. Februar 1917

Ich schaute ihn [Lehmbruck] gross an. […] Jetzt, als ich den Mantel ansah und den Hut, den er aufsetzte, erinnerte ich mich daran, diesen Hut und diesen Mantel und diesen nicht grossen, in sich gebeugten Mann schon oft am [Café] Odéon vorbeigehen gesehen zu haben: Immer allein, immer langsam und, wie es schien, vorsichtig schreitend, in Gedanken versunken.

Han Coray über seine erste Begegnung mit Wilhelm Lehmbruck im Jahr 1916

kommt der dritte Sohn, Guido, in Zürich zur Welt. Für seine Familie samt Haushaltshilfe findet Lehmbruck eine Wohnung in der Witikonerstrasse 37. Er selbst zieht allerdings nicht mit ein, sondern mietet für sich im März 1917 eine kleine Wohnung im Höhenweg 8 mit einer zugigen Garage als Atelier an. Der Spagat zwischen einem bürgerlich-konventionellen Familienleben mit drei Kindern und einem freien, modernen Künstlerleben fällt ihm immer schwerer. Dazu kommen wachsende Geldnöte, da sich im nunmehr dritten Kriegsjahr keine weiteren zuverlässigen Einnahmequellen auftun. Sein Berliner Atelier in der Südwestkorso-Straße 4 behält er aber weiterhin, um die Verbindung zur deutschen Kunstszene nicht ganz zu kappen.

DER ZÜRICHER BEKANNTENKREIS

Als Lehmbruck nach Zürich übersiedelt, besteht sein kleiner Bekanntenkreis hauptsächlich aus ehemaligen Berliner Kontakten, wie dem Schweizer Maler und Bildhauer Hermann Haller (1880–1950), der wie er Mitglied der Freien Secession ist, dem pazifistischen Schriftsteller Ludwig Rubiner (1881–1921), der ihn mit dem befreundeten Schriftstellerpaar Iwan Goll und Claire Studer (später: Goll) bekannt machen wird, und dem Maler Hans Richter. Mit dem Maler und Schriftsteller Leonhard Frank (1882–1961) teilt sich Lehmbruck das Dachatelier in der Schule. Ferner besteht Kontakt zu dem mit Sally Falk freundschaftlich und geschäftlich verbundenen Schweizer Textilfabrikanten Paul Rudolf Pfrunder, der ein offenes Haus für Künstler führt. Durch sie und durch seinen Vermieter Han Coray lernt Lehmbruck nach und nach neue Orte und Menschen kennen. Als Treffpunkte für Künstler und Intellektuelle dienen das Café de la Terrasse und das Café de l'Odéon. Die damalige Stimmung in Zürich beschreibt Claire Goll rückblickend so: „Pazifisten und Deserteure, Revolutionäre, Untergetauchte und Kriegsdienstverweigerer bildeten ein brodelndes Magma. Man half einander, oder man verabscheute sich, in Zürich hatte jeder seine persönlichen Freundschaften und Antipathien. Tatsache war, dass die Schweiz noch nie so viele avantgardistischen Köpfe beisammen gesehen hatte, von [Hans] Arp zu Stefan

Was wir Expressionisten suchen, ist: präzis aus unserem Material den geistigen Gehalt herauszuziehen. Seinen äußersten Ausdruck.

Wilhelm Lehmbruck zu Fritz von Unruh, 1917

Zweig, von Tristan Tzara zu Else Lasker-Schüler, von Hugo Ball zu Emil Ludwig, und zeitweise auch [Franz] Werfel, [Wilhelm] Lehmbruck, [...] [Alexej von] Jawlensky und andere. [...] In den literarischen Diskussionen war viel vom Expressionismus, Kubismus und Futurismus die Rede, aber das Wort ‚Dada' fiel so gut wie nie, [wir blieben] der expressionistischen Gedankenwelt verhaftet, die von dem pathetischen Wunsch besessen war, das Menschenbild zu retten." Auch Jawlenskys Gefährtin Marianne von Werefkin (1860–1938), Augusto Giacometti (1877–1947) und einige von Lehmbrucks alten Pariser Kontakten, wie Alexander Archipenko, Ernesto de Fiori und Karl Hofer, zählten zu den Besuchern des Café de l'Odéon. Dort oder über Leonhard Frank lernt Lehmbruck außerdem den Wiener Schriftsteller Albert Ehrenstein (1886–1950) kennen, der ihm 1917 eine besondere Begegnung ermöglicht. Diese wird ihn nachhaltig beeindrucken und auch sein weiteres Leben prägen.

EINE BESONDERE BEGEGNUNG

Im April 1917 besucht Albert Ehrenstein Lehmbruck im Atelier. Ihn begleitet die 20-jährige Schauspielerin Elisabeth Bergner (1897–1986), die seit September 1916 ein Zweijahres-Engagement am Züricher Stadttheater hat. Ehrenstein ist ihr Mentor – und hoffnungslos in sie verliebt. Sie hingegen wird von zahlreichen Verehrern umschwärmt und erwidert seine Gefühle nicht. Um sie dennoch „besitzen" zu können, wünscht sich Albert Ehrenstein ein Porträt von ihr und lockt sie unter dem Vorwand, sie müsse unbedingt den „größten lebenden

Lehmbruck und die Literatur

Wilhelm Lehmbruck besitzt zeitlebens großes Interesse an Literatur. Zu seiner Lektüre zählen Klassiker wie Dantes *Göttliche Komödie*, William Shakespeares *Macbeth*, das *Nibelungenlied*, Wilhelm Buschs *Fromme Helene*, Friedrich Hölderlins Gedichte oder Nikolaus Lenaus Gedicht zu *Faust*, aber auch zeitgenössische Literatur wie Fritz von Unruhs Tragödie *Ein Geschlecht* oder exotische Bücher über Indien. Entsprechend porträtiert sein Düsseldorfer Kommilitone Heinrich Wettig den 23-jährigen Bildhauer auch als jemanden, der über einem aufgeschlagenen Buch sinniert.

Er schreibt außerdem selbst, wie es typisch für die oft gattungsübergreifend arbeitenden expressionistischen Künstler ist. Paul Westheim, der nach Wilhelm Lehmbrucks Tod das Berliner Atelier aufgelöst hat, hat im Nachlass Gedichte und kunsttheoretische Fragmente gefunden und publiziert. Aus der Düsseldorfer Zeit sind vier Gedichte überliefert, deren pathetische Sprache auf einen leidenschaftlichen und melancholisch veranlagten Menschen schließen lassen. Schon 1902 sind in „Dämmerstunde" Einsamkeit und Schmerz die Leitmotive. In „Schwärmerei und Träume", das etwas später entstanden sein

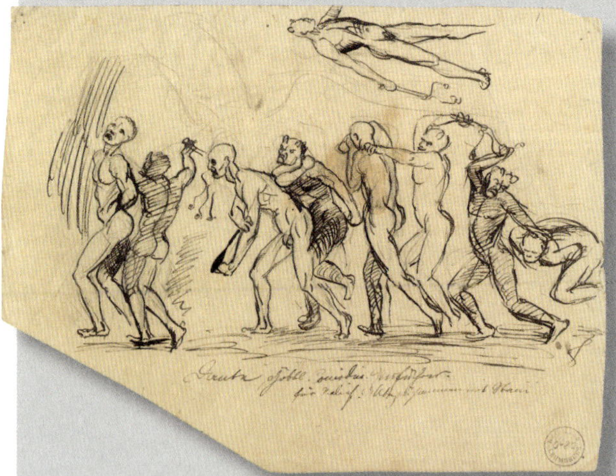

Studienblatt zu Dantes *Göttlicher Komödie*, 1903/04, Bleistift, Tusche, 24 × 31 cm

Heinrich Wettig, **Porträt von Wilhelm Lehmbruck**, 1903, Öl auf Leinwand, 80 × 60 cm

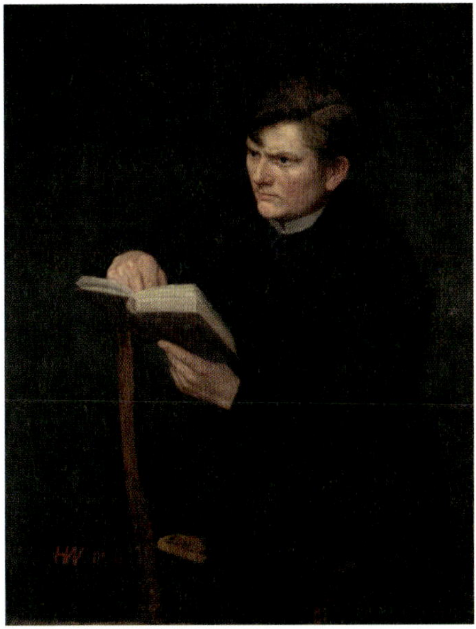

wird, beschreibt Wilhelm Lehmbruck sein Schwanken zwischen dem Wunsch nach wilder, lebendiger, aber auch gefährlicher Ekstase und einer ruhigen, auf Traurigkeit gründenden und letztlich tödlichen Beherrschtheit. 1904 entstehen „Die Natur" und „Vor Rodins Kuss". Letzteres drückt nach dem Besuch der großen Düsseldorfer Rodin-Ausstellung seine tiefe Bewunderung für Rodins lebensgroßen *Kuss* aus, der ihm so lebendig erscheint, dass er darin die Fortsetzung der Szenerie bis zur Familiengründung imaginiert.

Nach 1910 verfasst er ein Gedicht in expressionistischer Verve, das von der verzweifelten Suche des Künstlers nach der Idee handelt: „Meine Hände flehen aus dunkler Nacht. Sie erheben sich und streben ins Dunkle, ins Nichts, und doch muß jenseits des Dunkels das Lichte sein. Meine Hände strecken sich empor und flehen und flackern und suchen umher, und möchten etwas finden in der Dunkelheit, es fassen und halten. Und sie greifen und suchen [...], und sie greifen das Nichts und die Dunkelheit." In seinem letzten Gedicht „Wer ist noch da?" vom Januar 1918 beklagt Wilhelm Lehmbruck die Einsamkeit und den Schmerz über den Verlust der Freunde auf den Schlachtfeldern des Kriegs und drückt seine eigene Todessehnsucht in der abschließenden Frage aus: „Habt ihr nicht auch den Tod / Für mich?"

Bildhauer“ kennenlernen, in Lehmbrucks Atelier. Elisabeth Bergner erinnert sich: „Kaum waren wir dort, begannen die beiden von meinem ‚Porträt‘ zu reden, und ich bemerkte, daß das schon eine abgesprochene Sache war zwischen ihnen.“ In der Folgezeit fertigt Lehmbruck in wiederholten Modellsitzungen zahlreiche grafische und ein plastisches Porträt an.

Die Sitzungen im Atelier werden der jungen Frau oft lang: „Ich besuchte ihn [Lehmbruck] zweimal wöchentlich im Atelier am Nachmittag, für mein Porträt. Ich stand ihm immer mindestens eine Stunde zur Verfügung, manchmal zwei. Aber das Porträt machte keine Fortschritte. Ich sah immer nur meinen Hinterkopf und war zu scheu, mir meinen Kopf von vorn anzusehen. Aber schließlich verlangte ich es doch einmal, und da war er noch ganz anfänglich. Ich fragte, warum er mit meinem Porträt noch nicht weiter sei. Er sagte[:] ‚Weil ich immer neu anfange.‘ Ich war entsetzt.“ Lehmbruck ist inzwischen selbst ein heimlicher Bewunderer – und „jeden Abend im Theater“. Im Februar 1917 sieht er sie, noch bevor er sie persönlich kennenlernt, in Lev Tolstois *Lebendigem Leichnam* auf der Bühne; ein Jahr später zeichnet er sie während seines Besuchs der Aufführung von August Strindbergs

Porträt Elisabeth Bergner, 1917/18, Gips, ocker getönt, 52,7 × 20,9 × 31,3 cm

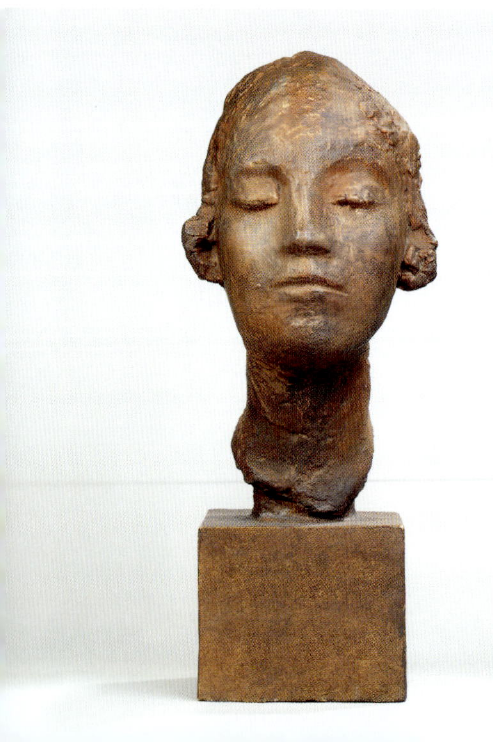

Du bist der einzige Mensch, der mich retten kann.

Wilhelm Lehmbruck zu Elisabeth Bergner, Juni 1918

Rausch, in dem es um die erfolglose Suche nach der Antwort geht, was die Liebe darf – und in dem Elisabeth Bergner die weibliche Hauptrolle spielt. Um sie möglichst oft als Modell in sein Atelier einladen zu können, sorgt er dafür, dass ihr Porträt nur langsam Fortschritte macht. Als es fertig wird, ist es von ungeheurer Sensibilität. Im *Porträt Elisabeth Bergner* wirkt die Dargestellte entrückt. Ihre Augen schließen schwere Lider, und ihr Mund deutet ein leises Lächeln an, als würde sie von der Liebe träumen. Zugleich wirkt der Kopf durch ein feines Minenspiel höchst lebendig. Die linke Augenbraue ist hochgezogen und die rechte leicht gerunzelt, als würde Elisabeth vor ihrem inneren Auge etwas ebenso Erstaunliches wie Wunderbares erblicken. Konträr dazu hängt ihr linker Mundwinkel entspannt herunter, während der rechte leicht hochgezogen ein Lächeln andeutet. Wie sehr Lehmbruck doch seine eigenen Empfindungen auf seine plastischen Arbeiten projiziert! In diesem Fall ist das sogar besonders vorteilhaft, denn Albert Ehrenstein empfindet dasselbe für Elisabeth und ist entsprechend begeistert von Lehmbrucks Arbeit. Aber der Bildhauer gibt das Porträt nicht heraus! Der Gips befindet sich nach seinem Tod als Unikat in seinem Nachlass.

Lehmbrucks Zuneigung zu der jungen Schauspielerin intensiviert sich während der Theaterbesuche und Modellsitzungen. Er weiß, dass er mit der jetzt dauerhaft räumlichen und auch emotionalen Trennung von seiner Frau an einem bürgerlichen Leben gescheitert ist. Sein einmaliger Versuch, bei einem Straßenmädchen Trost zu finden, endet im Frühjahr 1917 mit der Erkrankung an Syphilis. Lehmbruck empfindet die Krankheit als moralische Strafe. Anita, die damals kurz vor ihrer Niederkunft steht, ist zutiefst enttäuscht. Sie kann ihm diesen Fehltritt nicht verzeihen. Als die Krankheit 1918 ganz ausgeheilt ist, hofft Lehmbruck, den bürgerlichen Konventionen durch die Liebe zu Elisabeth zu entkommen. Seine Träume von einem freien Leben drückt er zunächst in seiner Kunst aus und bildet seine Idealvorstel-

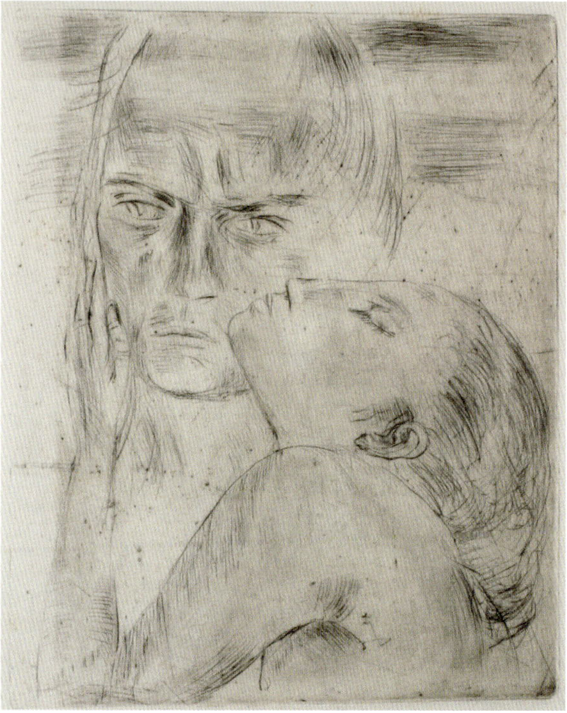

Zwei Menschen III, 1918, Kaltnadel, Blattmaß: 54,1 × 39,8 cm, Bildmaß: 37,6 × 29,6 cm

lungen von dieser Beziehung in seiner Grafik-Trilogie *Zwei Menschen* ab. Außerdem schreibt er Elisabeth, dass er sie gern einmal in der Rolle der Ottegebe in Gerhart Hauptmanns Drama *Der arme Heinrich* sehen würde. Die mittelalterliche Versnovelle handelt von einem hochadeligen Ritter, den Gott mit Aussatz straft und den nur die Liebe einer sich freiwillig dem Tod opfernden Jungfrau – Ottegebe – erlösen kann. Elisabeth gefällt aber weder die Geschichte noch kann sie dem Bildhauer helfen. Lehmbruck hingegen motiviert seine mit neuen Hoffnungen verknüpfte Liebesfantasie zu einem letzten Hauptwerk in der Porträtplastik: die *Betende*. Sie bildet Elisabeth in Lehmbrucks modernem Formenrepertoire ab: mit den typischen jugendlich-schlanken Gliedern, mit einer neuartigen Körperarchitektur, die sich aus der Gestik ergibt, und mit dem Ausdruck der inneren Versenkung. Ihr „Beten" drückt nicht die religiöse Andacht, sondern die Verehrung des künstlerischen Genies aus. In ihren Händen hält

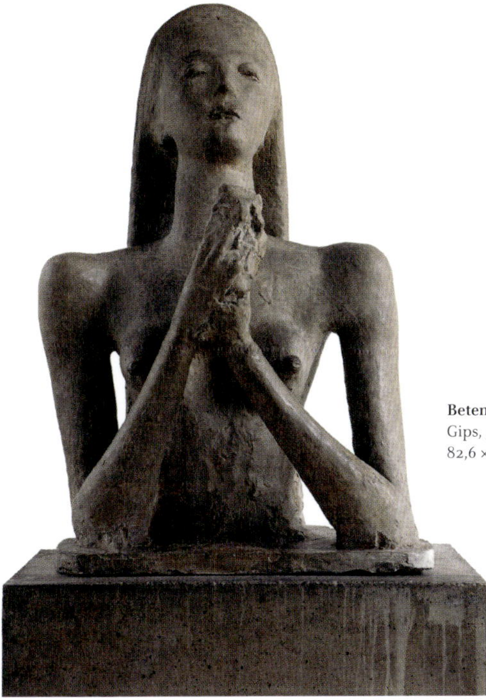

Betende, 1918,
Gips, grau getönt,
82,6 × 53,3 × 39,5 cm

die Betende einen undefinierbaren Gegenstand. Vielleicht handelt es sich um einen Text für eine Rolle, die sie lernt? Oder sie rezitiert? Während Wilhelm arbeitet, liest Elisabeth ihm nämlich Gedichte von Friedrich Hölderlin vor. Wilhelm schenkt ihr diesen Gedichtband 1918 als Andenken, den er mit hauchzarten, kolorierten Zeichnungen versehen und ihr mit den Worten „Wem sonst als Dir" gewidmet hat.

Im Dezember 1917 entschließt sich Elisabeth, Zürich nach dem Ende der Spielzeit 1917/18 zu verlassen und ihre Karriere in Berlin weiter auszubauen. Im Juni 1918 kommt sie zu einem Abschiedsbesuch in Wilhelms Atelier. Sie erinnert sich: „Er sah totenblaß aus. [...] Er sagte: ‚Du bist der einzige Mensch, der mich retten kann.' [...] Ich sagte nichts. Er sprach auch nicht mehr. Nach einer Ewigkeit sagte er schließlich: ‚Ich gehe jetzt ein Taxi holen.' Dann brachte er mich nach Hause." Die neue Einsamkeit hält Lehmbruck nur ein knappes halbes

Jahr aus. Schon im November 1918 erinnert er Elisabeth in einem Brief daran, dass er ja auch ein Atelier in Berlin habe … Im Januar 1919 setzt er sich in den Zug. In Berlin wohnt er abwechselnd in seinem kargen Atelier und im Hotel Excelsior, das neben mehr Komfort auch regelmäßige Mahlzeiten bietet. Elisabeth, die inzwischen im Mittelpunkt des Berliner Gesellschaftslebens steht, ist überrumpelt und ratlos, wie sie mit der Situation umgehen soll. Zwei Monate später erhält sie das Angebot für ein Engagement in Wien. Sie sagt sofort zu – und verrät Wilhelm dieses Mal nicht, an welchem Tag sie abreisen wird. Albert Ehrenstein, ihr Mentor, begleitet sie. Als sie im März 1919 in den Zug steigt, eskaliert sie Situation: „Plötzlich fiel mein Blick auf den Perron. Und ich denke, ich fall' um: Da steht Lehmbruck und schaut stumm herauf. Um Gottes Willen, ich muß hinunter. Xaverl [A. Ehrenstein] hält mich fest: ‚Das hat gar keinen Zweck, damit kannst du ihm nicht helfen! Du gibst nur Wien auf. Und deine ganze Karriere! So kann das nicht weitergehen.' Ich schlug die Hände vors Gesicht und machte die Augen erst wieder auf, als wir längst aus Berlin fort waren. […] Endlich kamen wir an die Grenze zu Passau, und auf einmal wird mein Name aufgerufen. Den ganzen Zug entlang höre ich meinen Namen aufgerufen. Xaverl geht hinaus, um sich zu erkundigen, und kommt mit einem Telegramm zurück. Wir wissen beide, von wem es ist. ‚Marja [Wilhelms Spitzname für Elisabeth], wenn Du mich retten willst, komm zurück!'"

Aber Elisabeth kann ihn nicht retten, trotz aller Sympathie. Darüber sind sich letztlich beide bewusst. Wilhelms verzweifelter Versuch, Elisabeth ein Bekenntnis zu ihm abzuringen, ist motiviert durch seine Illusion von einer idealen und freien Liebesbeziehung. Aber wie soll dies auch nur annähernd gelingen zwischen einer jungen, am Beginn ihrer Karriere stehenden Frau, die zudem ein Männerschwarm ist, und einem verheirateten, zusätzlich durch drei Kinder gebundenen, schwermütigen Künstler? Nein, unmöglich! Elisabeth bleibt mit Xaverl im Abteil sitzen. „Wir sprachen nicht mehr darüber und fuhren weiter nach Wien."

NICHTS ALS KÖPFE UND FRAGMENTE

Neben den gezeichneten und plastischen Porträts entstehen ab 1917 ausschließlich Köpfe und Fragmente, die zu Lehmbrucks letzten Hauptwerken zählen und von seiner künstlerischen Sinnsuche zeugen: *Liebende Köpfe*, *Weiblicher Torso/Fragment* und *Kopf eines Denkers*.

Hat Lehmbruck in der *Betenden* eine für ihn unerreichbare Frau dargestellt, so bildet er in den *Liebenden Köpfen*, in denen sich die Gesichter des Paares zärtlich zueinander wenden, seine Wunschvorstellung von dieser Beziehung ab. Die Komposition der *Liebenden Köpfe* erinnert an ein Herz. Zugleich verdeutlichen die Körperlosigkeit der Figuren sowie die klare Abtrennung des Armes von der weiblichen Büste, der das Gesicht des Geliebten zärtlich umarmt, dass es nicht um eine reale, eine körperliche, sondern um eine idealisierte, geistige Liebe geht.

Als weiteres Hauptwerk der letzten Jahre gilt der *Kopf eines Denkers*, der ebenfalls die Überwindung des Körpers durch den Geist thematisiert. Er zeigt die schmale Büste eines Jünglings, dessen überproportionierter Schädel sich unter dem Gewicht seiner Gedanken leicht senkt. Seine Kahlheit steigert den Ausdruck: Sie betont die nahezu perfekte Rundung des Kopfes und das pulsierende Liniennetz der Denkfalten, das sich im Bereich der Augen am intensivsten ausbildet. Die Augen fixieren nichts, sondern konzentrieren sich auf die Innenschau. Der schlanke Hals leitet über zu ausladenden Schultern, die in ungleich torsierte Arme münden. Sie wirken wie gestutzte Schwingen, die – ihrer eigentlichen Funktion beraubt – tatunfähig herunterhängen. Sie verdeutlichen, dass nicht der Körper, sondern der Geist Thema dieser Büste ist. Formal und inhaltlich entspricht ihnen die aus dem natürlichen Körperzusammenhang gelöste linke Hand des Jünglings, die sich klauenartig vor dem Brustkorb zusammenballt. Auffallend sind ihre Position in der Nähe des Herzens sowie ihre merkwürdig doppeldeutige Form, die zugleich selbst an das Herz erinnert. Auch diese Form drückt, wie die grüblerischen Falten auf der Stirn, Anstrengung aus. Versteht man sie als „Hand", bleibt sie durch ihre Abtrennung vom Körper funktionsunfähig – alle sichtbare Anstrengung ist sinnlos. Versteht man sie aber als „Herz“, ergibt sich ein ganz anderes Bild: Dann entsteht nicht nur ein sinnvoller Zusammenhang zwischen Organ und Körper, sondern das Denken erklärt sich auch als eine Sache des Herzens, die eine ungeheure, aber sinnversprechende Anstrengung einfordert.

Die Büste versinnbildlicht Geist und Idee. Sie enthält den Kern von Lehmbrucks Ästhetik, denn sie führt nicht nur die geistige Anstrengung vor Augen, die dem Bildhauer bei der Schöpfung seiner Werke abverlangt wird – Lehmbruck arbeitet diese Büste ohne Entwurfszeichnungen direkt in den Ton hinein –, sondern auch die Denkleistung, die seine Werke vom Betrachter einfordern. Das Denken als Grundthema dieser Plastik ist über den formal ausgedrückten Kontrast zwischen Körper und Geist – oder Handeln und Denken – optisch schnell erschließbar. Der tiefere Sinn, nach dem der Geist zum wahrhaft Existenziellen erklärt und dem lebensspendenden Organ des Herzens gleich – oder in der metaphysischen Bedeutung – sogar übergeordnet wird, enthüllt sich erst in der reflektierten Betrachtung der Plastik.

Mutter und Kind, 1918,
Bronze, dunkelbraun patiniert,
52,8 × 38,1 × 21 cm

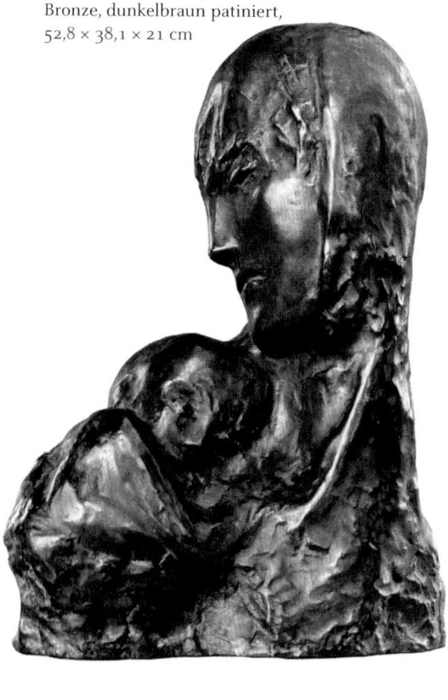

Die Folgen des Kriegs thematisiert Lehmbruck in der Büste *Mutter und Kind*. In den ausgezehrten Gesichtern spiegeln sich die körper-lichen Qualen des Hungerns wider, aus denen die geistigen Qualen der Mutter angesichts ihres sterbenden Kindes erwachsen, dessen

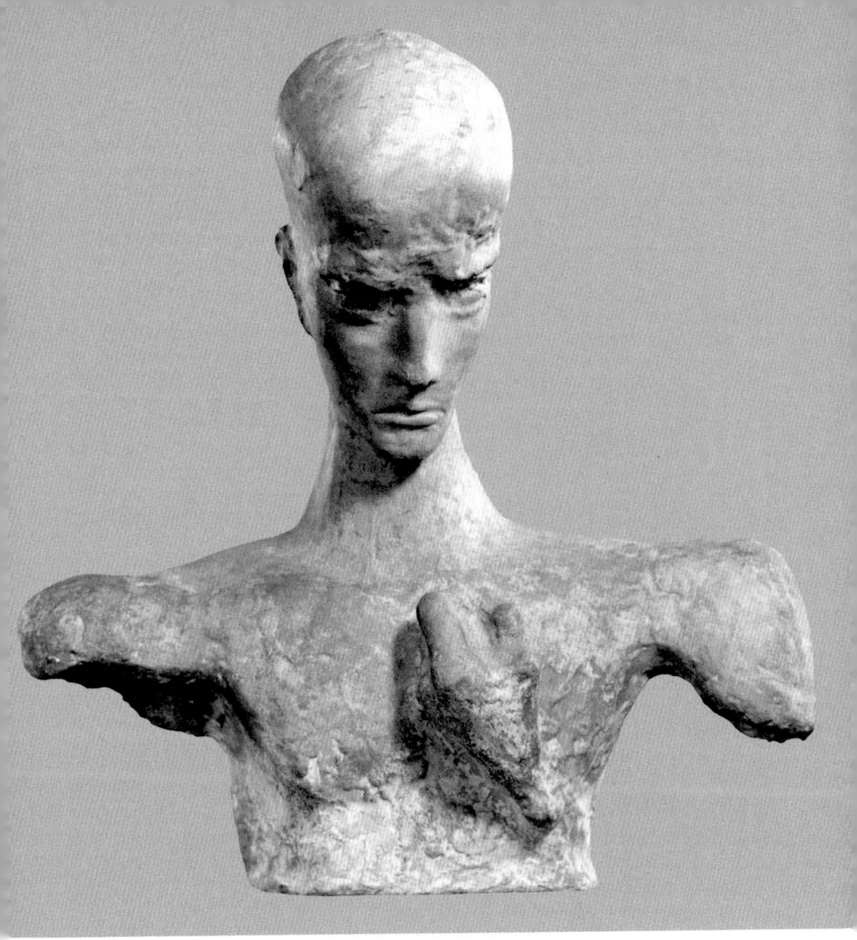

Kopf eines Denkers, 1918, Steinguss, 63 × 59 × 34 cm

Reine Vergeistigung. Der *Kopf eines Denkers* ist eine Plastik, die den Körper verneint und reine Vergeistigung ausdrückt. Insofern ist sie das gelungene Gegenstück zu Auguste Rodins muskulösem, sinnlichem *Denker*, und stellt zugleich Lehmbrucks letzte Hommage an den großen französischen Meister dar. Mit dem *Kopf eines Denkers* gelingt es Lehmbruck außerdem, sein bildhauerisches Ziel zu erreichen, aus seinem „Material den geistigen Gehalt herauszuziehen. Seinen äußersten Ausdruck".

Weiblicher Torso/Fragment, 1918, Steinguss, 78,2 × 40,9 × 32,1 cm, Sockel: 10,9 × 29 × 18 cm

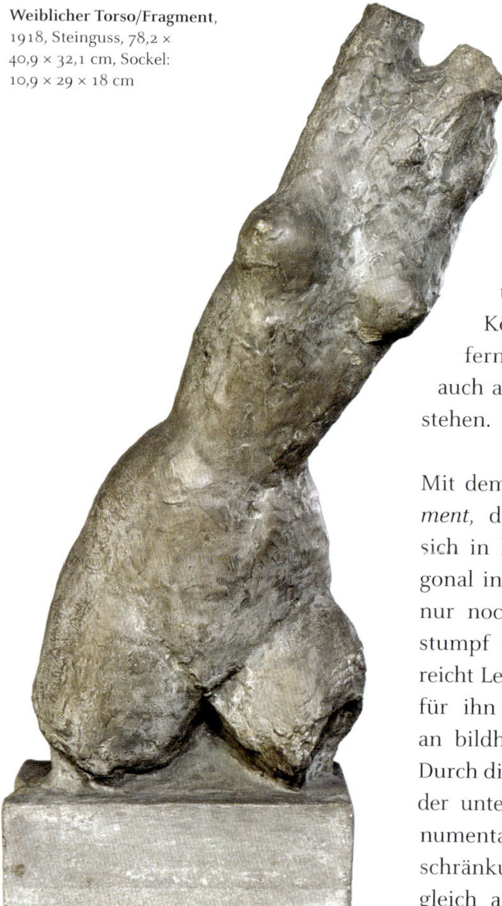

Kopf bereits die Form des Totenschädels erkennen lässt. Anders gesagt geht es um die Entwicklung vom Körper zum Geist. Insofern ist Mutter und Kind auch als moderne *Pietà* zu verstehen.

Mit dem *Weiblichen Torso/Fragment*, dessen schmaler Körper sich in höchster Spannung diagonal in den Himmel reckt und nur noch in dem linken Beinstumpf eine Stütze findet, erreicht Lehmbruck schließlich den für ihn höchstmöglichen Grad an bildhauerischer Abstraktion. Durch die starke Streckung wirkt der unterlebensgroße Torso monumental, und durch die Beschränkung auf den Rumpf zugleich allgemeingültig. Die unruhige Oberfläche, die erneut auf Rodin verweist, unterstreicht zusätzlich die in der Körperstreckung ausgedrückte Bewegung. Das seitliche Kippen des Torsos um 45 Grad – das Lehmbruck durch das nachträgliche Aufbocken der inneren Metallstütze erreicht, wie die Rückenansicht zeigt – kündigt jedoch an, dass das Aufwärtsstreben der Figur zum Sturz führen wird. Dies zeigen auch die in verschiedene Richtungen weisenden Armansätze: Während sich der rechte Armstumpf parallel zum Halsansatz himmelwärts streckt, weist der nur minimal angedeutete, um 90 Grad abgewinkelte linke Armansatz

Torso der Großen Sinnenden, 1913/14, Bronze, braun patiniert, 124,5 × 45,4 × 34,9 cm

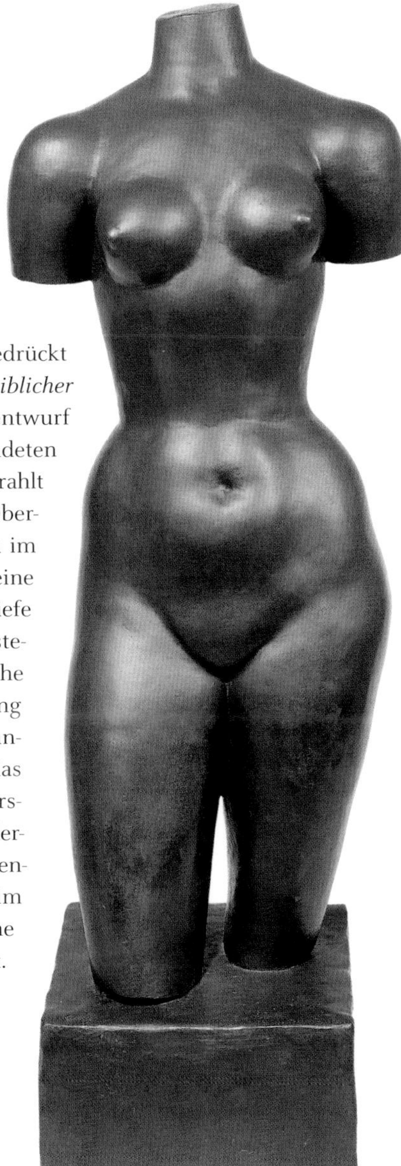

parallel zum linken Beinstumpf zur Erde. Im *Weiblichen Torso/Fragment* führt Lehmbruck also zusammen, was er zuvor in den beiden kontrastierenden Figuren des *Emporsteigenden Jünglings* und des *Gestürzten* ausgedrückt hat. Darüber hinaus ist *Weiblicher Torso/Fragment* ein Gegenentwurf zum vier Jahre zuvor vollendeten *Torso der Großen Sinnenden*: Strahlt Letzterer durch seine glatte Oberfläche, sein aufrechtes Stehen im leichten Kontrapost und seine durchgeformten Glieder eine tiefe Ruhe aus, so kennzeichnet Ersteren mit der rauen Oberfläche und der starken Körperneigung eine große Unruhe. Die genannten Aspekte verweisen auf das Scheitern als Hauptthema. Erstens im Hinblick auf das moderne, expressionistische Menschenbild im Krieg und zweitens im Hinblick auf die bildhauerische Wiedergabe der neuen Welt. Längst hat sich nämlich auch in der Bildhauerei die Abstraktion durchgesetzt, die 1913 ihren vorläufigen Höhepunkt in Marcel Duchamps (1887–1968) **Readymades*** erreicht. Das Aktuellste, *Fountain* – ein

Momentan bin ich hier durch großen allgemeinen Kohlenmangel sehr am Arbeiten gehindert. Sie wissen, für einen Bildhauer sind Kohlen bei dem nassen Ton sehr wichtig, für einen Dichtersmann wie Sie bleibt immer noch übrig, sich hinter Grog oder sonst was Warmen zu verankern und zu produzieren.

Wilhelm Lehmbruck zu Fritz von Unruh, 1917

simples Urinal aus dem Handel –, stellt Duchamp unter dem Pseudonym „R. Mutt" 1917 in New York aus, ein Jahr bevor Lehmbrucks *Weiblicher Torso/Fragment* entsteht. Das künstlerische Scheitern bildet Lehmbruck auch in der Radierung *Ode an den Genius* ab. Ikarus, der auf die Plastik *Der Gestürzte* verweist und den einst hochfliegenden Künstler meint, hat sich hier an der Hitze der Sonne verbrannt, die die künstlerische Idee symbolisiert.

TIEFE EINSAMKEIT

Lehmbrucks akutes Problem ist, dass er sich mit niemandem fundiert über seine Kunst austauschen kann. 1917 stellt er aufgrund der harschen Kunstkritik kaum noch in Deutschland aus. Auf Vermittlung von Han Coray beteiligt er sich im Februar an einer kleineren

Gruppenausstellung im Kunsthaus Zürich und im September an einer größeren in der Kunsthalle Basel. Ansonsten arbeitet er abgeschieden von der Außenwelt in seinem Garagenatelier. Dazu kommen die innere Distanz zu seiner Familie und die zerplatzte Illusion von einem Neuanfang mit Elisabeth Bergner. Bitterlich beklagt Lehmbruck sich 1918 bei einem seiner letzten Freunde, dem Literaten Fritz von Unruh, über seine tiefe Einsamkeit: „Ja da sitze ich dann [...] und denke: hätte ich vielleicht doch in den Krieg mitgehen sollen? Die ich gern hatte, die sind längst gefallen [...]. Gar nicht so übel, da draußen zu fallen! Den Franz Marc beneide ich oft. Was tu ich eigentlich hier? [...] Neulich schrieb mir einer aus Berlin [...], er wolle einen Artikel über mich verfassen [...]. Ach Leute! Was soll das ganze ‚Artikelschreiben' über die Kunst, wenn zum Schluß keiner mehr übrig bleibt, der weiß, was Kunst ist?" – Auch Rodin ist am 17. November 1917 in Meudon gestorben. Wozu noch weiterarbeiten? Wozu überhaupt noch weiterleben? Im Januar 1918 verfasst Lehmbruck ein Gedicht, das wie ein letzter Hilferuf wirkt:

Wer ist noch da?

Wer blieb noch da von diesen Morden,
Wer bleibt aus diesem blut'gen Meer?
Ich schreite über dieses Schnittfeld
Und schau um mich, wo liegt die Mahd
Vom Morde gräßlich hingeschlachtet.
Die Freunde liegen still umher,
Die Brüder sind nun nicht mehr da,
Der Glaube, Liebe, alles hin,
Und Tod, er liegt auf allen Wegen, auf jeder Blüte.
O Fluch, o tausendfacher Fluch!
Habt ihr, die soviel Tod bereitet,
Habt ihr nicht auch den Tod
Für mich?

Das Lehmbruck Museum in Duisburg

Die Idee, in Duisburg ein Museum zu gründen, das Wilhelm Lehmbruck als berühmtestem Künstler der Stadt gewidmet ist, entsteht bereits wenige Jahre nach seinem Tod. 1925 erklärt der Gründungsdirektor des Duisburger Kunstmuseums, Dr. August Hoff, in dem Katalog zur Wilhelm Lehmbruck gewidmeten *III. Jahrtausend-Ausstellung der Stadt Duisburg*: „Wilhelm Lehmbrucks Werk ist der bedeutungsvollste Beitrag Duisburgs zur neueren Kunstgeschichte; es ist die heilige Pflicht seiner Vaterstadt, [...] seine [...] Schöpfungen zu sammeln und zu würdigen."

Auch Anita Lehmbruck, die Witwe des Bildhauers, und sein einstiger Förderer, Sammler und Biograf Paul Westheim engagieren sich für dieses Museum, wie aus Anita Lehmbrucks Brief vom 18. Juli 1926 an Westheim hervorgeht: „Sie schreiben, dass Sie [...] wieder eine Anregung für das Lehmbruck Museum geben wollen. [...] Andererseits ist ja in Duisburg der Gedanke an ein Museum vorhanden und ist ja

Glashalle des Lehmbruck Museums / Carsten Nicolai, rota, 2009

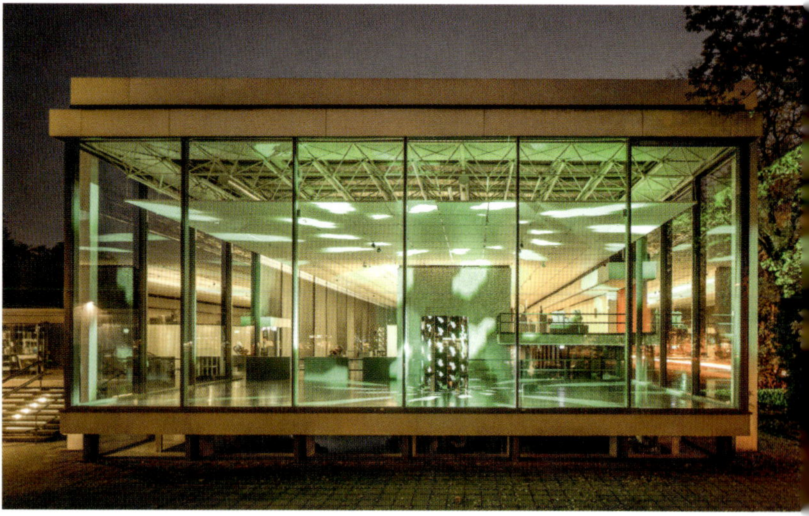

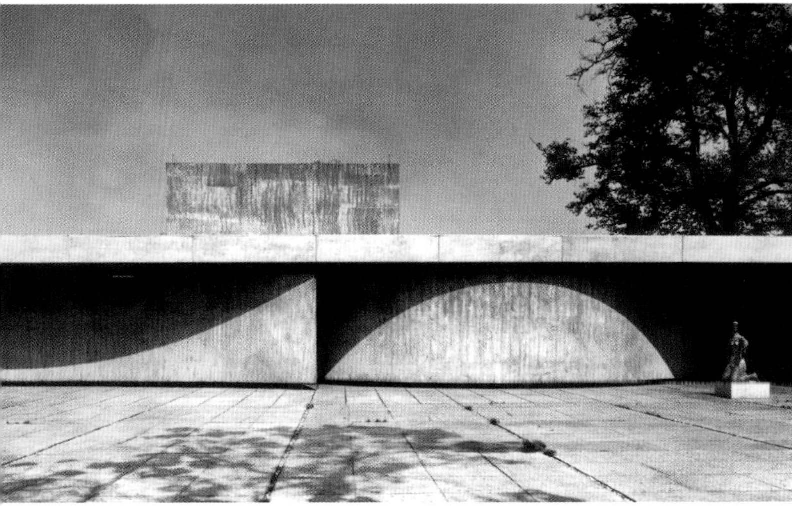

Lehmbruck-Trakt und Skulpturenhof des Lehmbruck Museums, 1964

auch die aufblühende Vaterstadt meines Mannes der Ort dazu. [...] Es handelt sich um eine grosse Idee, die wir gemeinsam haben."

Knapp 40 Jahre später wird diese Idee realisiert: Am 5. Juni 1964 wird das Wilhelm Lehmbruck Museum in Duisburg feierlich eröffnet. Sein Architekt ist der zweitgeborene Sohn des Bildhauers, Dr. Manfred Lehmbruck (1913–1992). In seiner Rede anlässlich der Museumseröffnung spitzt er die Bedeutung der Lehmbruck-Sammlung für Duisburg weiter zu: „Das Werk meines Vaters hat seinen Ort in der Arbeitswelt dieser Industrielandschaft und nirgendwo sonst, hier hat es eine echte und notwendige Aufgabe zu erfüllen."

Heute besitzt das Lehmbruck Museum neben seinem Herzstück, der Lehmbruck-Sammlung, drei weitere Schwerpunkte: eine exquisite Sammlung an Gemälden des deutschen Expressionismus, die den Zeitgeist veranschaulichen, in dem Lehmbrucks Werke entstanden sind, eine herausragende Sammlung internationaler Skulpturen der Moderne, welche die Geschichte der Bildhauerei bis in die Gegenwart hinein dokumentiert, und eine umfassende Sammlung an Zeichnungen und Druckgrafiken, die die genannten Sammlungsschwerpunkte ergänzt.

Depression und Freitod

ZWISCHEN LÄHMUNG UND WUT

1917 lässt Lehmbruck seine Depression und die Syphilis von dem renommierten Züricher Arzt Dr. Bruno Bloch (1878–1933) behandeln. Durch ihn lernt er den Schriftsteller Fritz von Unruh (1885–1970) kennen, der gerade aus Verdun zurückgekommen ist und sein Kriegstrauma ebenfalls von Dr. Bloch versorgen lässt. Der Arzt nimmt Fritz von Unruh eines Tages bei einer Stippvisite mit in das Atelier des Bildhauers. Er ahnt, dass die beiden Männer sich aufgrund ihrer verwandten Geisteshaltung gut verstehen werden. Tatsächlich entwickelt sich zwischen Fritz von Unruh und Lehmbruck rasch eine Freundschaft. Bei ihrer ersten Begegnung ist Lehmbruck allerdings in einem so starken Stimmungstief, dass er sich völlig gehen lässt. Fritz von Unruh überliefert, dass Lehmbruck aufgehört hat, sein Atelier zu beheizen: „Beim Flüstern sah man unseren Hauch. So kalt war es um die Überfülle von Plastiken. [...] ‚Wenn ich auch dieses kleine Eisenöfchen heize –, das nutzt nicht viel!' Er zeigt seine Hände, die waren vom Frost zerrissen." Es ist unmöglich für einen Bildhauer, mit solchen kältestarren, wunden Händen zu arbeiten. Lehmbruck zeigt auf einen thronartigen, bemalten Stuhl und erklärt Unruh: „‚Hier sitze ich oft, stundenlang! Stiere durch die Fenster, sehe zu, wie es schneit! [...] Es wird grau – wie jetzt! Und dann wird es schwarz! dunkel! ... Manchmal kommen Leute an, klingeln oder klopfen an die Fenster ... Wollen herein; ich bleibe natürlich ruhig sitzen und denke: Was geht's mich an? Ihr habt Eure Welt! Ich ... die meine!'" Lehmbruck erzählt den beiden Besuchern auch, dass er kurz davor gewesen ist, seine Plastiken zu zerstören. „‚Hat es noch einen Sinn, Professor?' schaute Lehmbruck ihn [Dr. Bloch] traurig an. ‚Aber gut, daß Sie mal wieder gekommen sind! Es wird so tief dämmrig und so rasch dunkel! Da blicken mich diese Gips- und Tongestalten an ... wie Gespenster ...' ‚Warum, was ist los?' fragte der Arzt forschend. Da

Hat es noch einen Sinn, Professor?

Wilhelm Lehmbruck zu seinem Arzt Dr. Bruno Bloch, 1917

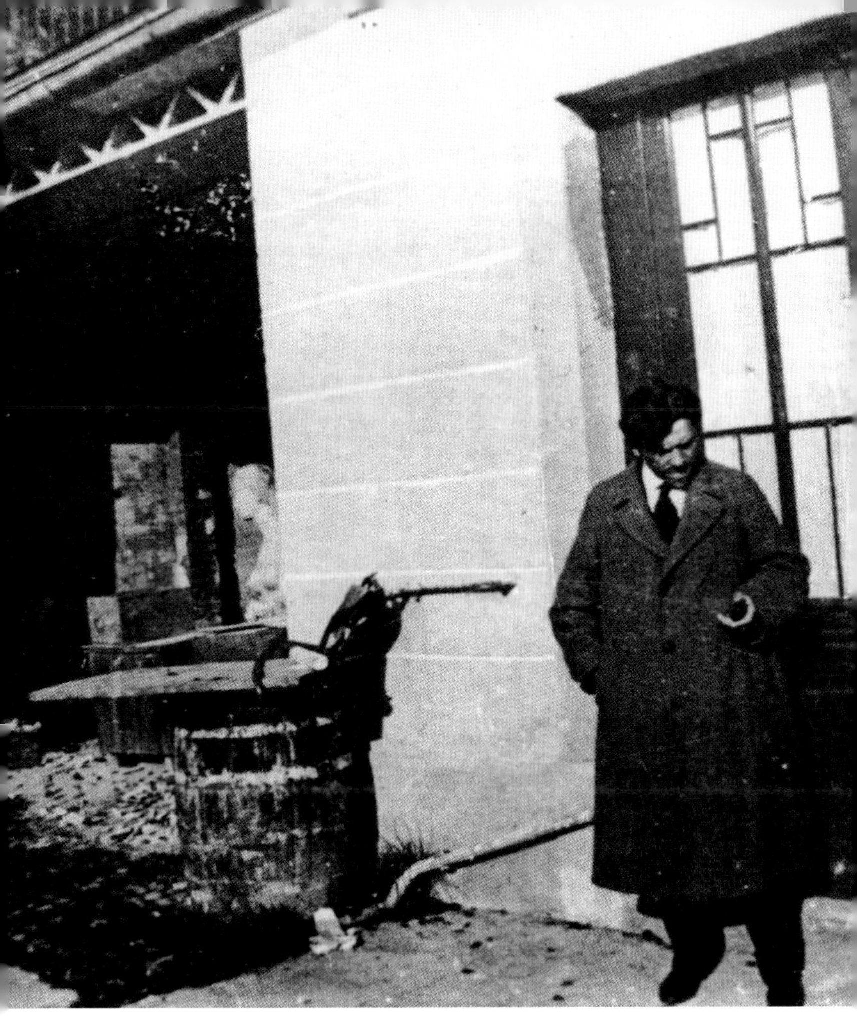

Wilhelm Lehmbruck vor seinem Garagenatelier im Höhenweg 8 in Zürich
(im Hintergrund die Büste Frau L. von 1910), 1917

wuchtete der Bildhauer einen schweren Hammer, warf ihn dann, daß er in die Ecke polterte, und lachte bitter: ‚Mit dem Ding –, da wollte ich – eh Sie kamen – gerade das ganze Zeug hier zerhämmern!'" Diese Absichtsbekundung, seine Schöpfungen zu zerstören, wirkt rückblickend wie eine Vorstufe zu Lehmbrucks Freitod.

Ich [...] rutsche aus diesem Irrsinnstanz, den man ja doch nicht aufhalten kann, sowieso bald in das Nichts, aus dem ich kam, wieder zurück!

Wilhelm Lehmbruck zu Fritz von Unruh, 1918

EIN LETZTES FREUNDSCHAFTSBILDNIS

Fritz von Unruh besucht Lehmbruck nun öfter in Begleitung seiner späteren Frau Friederike Schaffer. Die beiden sind neben Dr. Bloch die einzigen, denen er noch Zutritt zu seinem Atelier gewährt. Ihnen gelingt es, Lehmbruck noch einmal aufzumuntern. So entsteht nur wenige Wochen vor seinem Freitod sein letztes Freundschaftsbildnis, der *Porträtkopf Fritz von Unruh*. Der Schriftsteller überliefert, wie er Lehmbruck durch seine Idee zu einem Modellierwettbewerb wieder zum Arbeiten motivieren konnte: „Meine jetzige Frau, die Lehmbruck damals zu modellieren wünschte, brachte das Treffen zustande. [...] Die Basis unseres Verhältnisses war, daß wir beide klar die Notwendigkeit erkannt hatten, uns über den Krieg emporzuschwingen und ein neues Konzept einer geistigen Vorstellung vom Leben aufzubauen. [...] Danach gingen mehrere Wochen ins Land. Dann erbot er sich, ein Porträt von mir anzufangen, doch dann zögerte er wieder und wurde unschlüssig. Ich bemerkte, daß er an einer Art Hemmung litt. So sagte ich eines Tages kühn zu ihm: ‚Wie wäre es, wenn ich Sie modellieren würde?' Er horchte auf, lächelte über meine Anmaßung und fragte, ob ich jemals modelliert habe. Ich hatte es nicht. Mit plötzlichem und lebhaftem Interesse machte er eine Verabredung in seinem Atelier aus. [...] Als ich herein kam, war er bereits in seinem leichten Arbeitskittel, drauflosknetend. [...] ‚Werden Sie mich nun

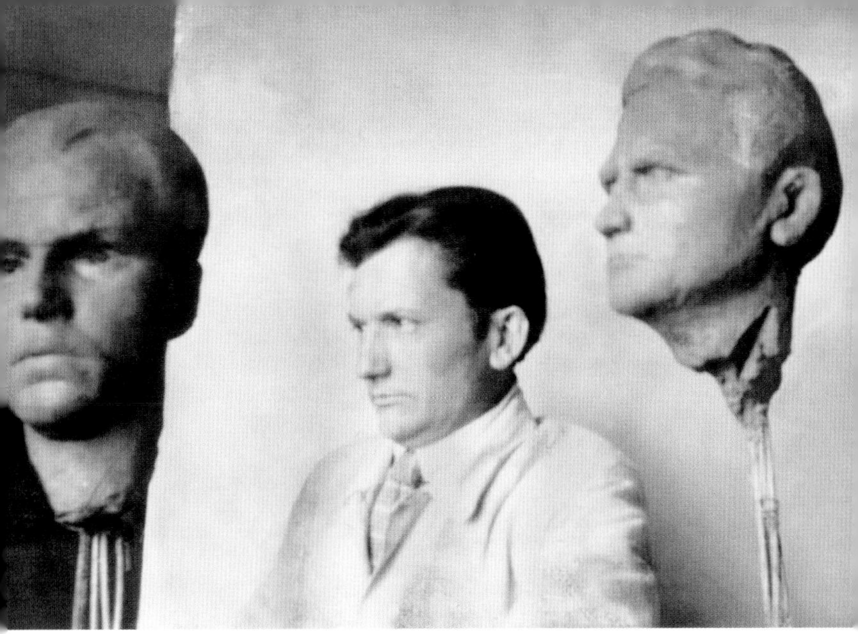

Wilhelm Lehmbruck im Züricher Atelier zwischen seinem *Portraitkopf Fritz von Unruh* (l.) und dem *Portrait Wilhelm Lehmbrucks* (r.) von Fritz von Unruh, 1918

modellieren?‘ fragte ich erstaunt. ‚Natürlich, Sie modellieren mich‘ – er brach in Gelächter aus –, und ich werde Sie modellieren.‘ [...] In dem ungleichen Wettbewerb steigerte wechselseitig einer den Elan des anderen. Mitternacht war längst vorbei, als wir aufhörten und unsere tonverschmutzten Finger reinigten. Er hatte mein Machwerk gern. [...] ‚Das ist genau so, wie auch ich begann.‘ Er nickte zufrieden. Ich war überwältigt von der Büste, die er von meinem Kopf gemacht hatte. Es war für mich unfaßbar, daß er in so kurzer Zeit eine so elementare Form schaffen konnte, unter Benutzung jener Technik, die ich beobachtet hatte. Während er modellierte, ruhte sein Auge ständig auf dem Objekt. Er rollte kleine Stückchen von Ton in der Größe eines Stecknadelkopfes zwischen seinen Fingerspitzen. Mit diesen wollte er die Oberfläche der Büste andeuten, mal hier, mal dort. Er arbeitete so feinfühlig, daß man es ihm kaum ansah. [...] Am nächsten Tag machte meine Frau Aufnahmen von den beiden Köpfen – sowie von Wilhelm Lehmbruck selber in seinem Atelier. Später, kurz vor seinem Tode, goß Lehmbruck dann beide Tonköpfe in Kunststein.“

Fritz von Unruhs *Porträtkopf Wilhelm Lehmbruck* ist verschollen, immerhin ist er in den Fotografien von Friederike Schaffer überliefert. Lehmbrucks *Porträtkopf Fritz von Unruh* weist die typischen Merkmale auf, die er für den Typus des männlichen „Denkers" entwickelt hat: eine aufrechte Haltung, eine Kopfproportion, in der die Stirn zusammen mit dem Oberkopf die Hälfte des Gesichtes einnimmt, einen ernsten, konzentrierten Blick unter zusammengezogenen Augenbrauen und eine flächige, idealisierende Form des Kopfes. Auch diesen Steinguss hat Lehmbruck, wie Fritz von Unruh überliefert, selbst angefertigt – wie schon zwei Jahre zuvor ein Porträt von Sally Falk.

DAS LETZTE PORTRÄT IST NICHT ÄHNLICH GENUG

Kurz darauf erhält Lehmbrucks neu entfachte Motivation wieder einen starken Dämpfer. Im Januar 1919 reist er nach Berlin, um den Kontakt zu Elisabeth Bergner wiederzubeleben – und um neue Auftraggeber zu gewinnen, denn er braucht Geld für den Unterhalt seiner Familie. Er gewinnt die Großindustriellentochter Marie-Anne von Friedlaender-Fuld (1892–1973) als Kundin für eine Porträtplastik. Als die Arbeit fertig ist, erlebt er eine herbe Enttäuschung: Die Auftraggeberin ist so unzufrieden damit, dass sie die Büste weder annimmt noch bezahlt. Lehmbruck bleibt also nicht nur auf seinen Reisekosten sitzen, sondern auch auf den Materialkosten, und die ganzen Arbeitsstunden, die er für die Porträtbüste aufgewendet hat, waren ebenfalls umsonst. Wütend und deprimiert berichtet er Fritz von Unruh davon, als dieser ihn in Berlin besucht: „Sobald ich nachdenke, wird alles schwarz um mich! Ein kurzer Trost waren die Stunden mit Euch im Atelier in Zürich! Hier erlebe ich nur Entwürdigung, Hohn und Not! Ich habe da auf dringenden Wunsch der Baby Friedländer eine Porträtbüste von ihr angefertigt. Ich glaube, sie ist mir gelungen. [...] Aber wollen Sie wissen, was sich die Friedländer geleistet hat? Als ich mein Honorar verlangte –, da lehnte sie die Zahlung ab mit der Begründung ..., ‚meine Büste sei ihr nicht ähnlich genug!' [...] Ach! Guter Freund –, wohin soll man?"

Es lohnt nicht! … Es sind Barbaren!

Wilhelm Lehmbruck zu Fritz von Unruh, 1918

Zunächst einmal kehrt Lehmbruck nach Zürich zurück. Der Kunstkritiker Julius Meier-Graefe, der Lehmbruck im Frühjahr 1919 in seinem Züricher Atelier besucht, rät ihm, wieder nach Frankreich zu gehen. Dort könne er sicher an seine alten Erfolge anknüpfen. Aber Lehmbruck ist davon nicht überzeugt. Der Krieg hat ihm die kompetenten Gesprächspartner genommen.

VERNICHTENDE KUNSTKRITIK

Fritz von Unruh überliefert, wie tief Lehmbruck das Unverständnis der Kunstwelt gegenüber seinem Werk enttäuscht: „Hier hatte ein Bildhauer in aller Einsamkeit und in der für ihn trostlosen Atmosphäre allgemeiner Ablehnung einen neuen Stil geschaffen. Dies war im höchsten Sinne die letzte ‚Expression' eines Geistes, der mit dem großen Stoff der Materie Gebilde hervorbrachte, schmetterlingsflügelleicht, wie sie nur die begnadete Andacht der Seele aus tiefer Innerlichkeit erschauen und erhorchen konnte. Mit einem Nicken seines Kopfes, vor Scham und vor Freude über die Zustimmung und Anerkennung, sich verstanden zu fühlen, sagte er mir einmal: ‚Das tut wohl! Aber – nun sehen Sie hier in dieser Mappe, da hebe ich die Kritiken der Mitwelt auf! Lesen Sie! Ein Verriß nach dem anderen! ‚Er gestaltet', so schreibt der, ‚eine Welt, die es nicht gibt!' – oder: ‚Man kann eben den Geist nicht in Stoff ausdrücken!' oder ‚Die Gliedmaßen seiner Gestalten sind überlange, verrenkte Ausdrücke einer erkrankten und allem Natürlichen nicht mehr zugänglichen, überspannten Intellektualität!' oder ‚Wir bezweifeln, daß dieser Bildhauer im Zeitalter eines Rodin und in der Ära gewaltiger Männerschlachten, außer bei gleichfalls psychisch Erkrankten, je Beifall finden wird!' und so

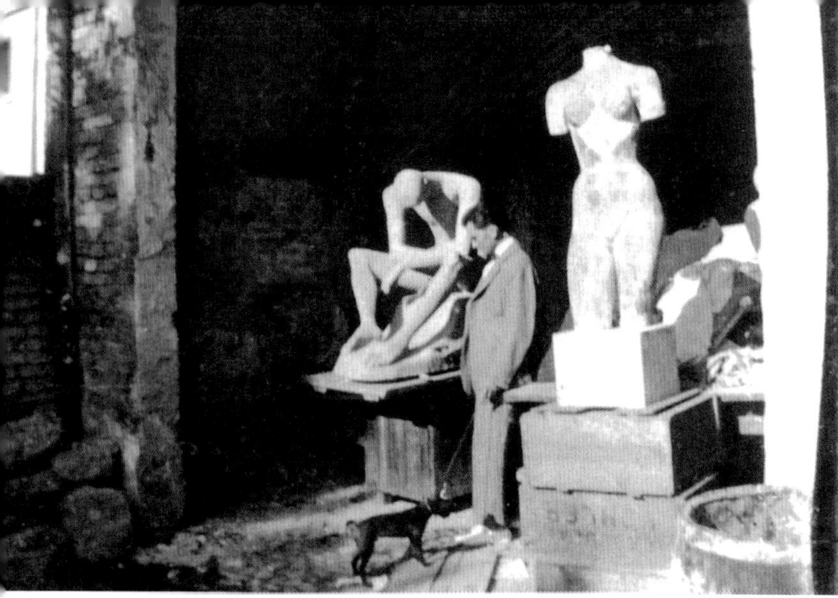

Wilhelm Lehmbruck in seinem Garagenatelier im Höhenweg 8 in Zürich (mit dem *Sitzenden Jüngling* von 1916 und dem marmornen Torso der *Großen Sinnenden* von 1918), 1918

weiter, und so weiter ...' Lehmbruck warf die Kritiken auf den Tisch. ‚Es lohnt nicht! ... Es sind Barbaren!'"

EIN LETZTER SPAZIERGANG

Am 24. März 1919 treffen sich die beiden Freunde in Berlin wieder. Fritz von Unruh animiert Lehmbruck zu einem Abendspaziergang, als er von dessen schlechtem psychischen Zustand hört. Anders als in Zürich wird Lehmbruck in Berlin mit den unmittelbaren Kriegsfolgen konfrontiert, zu denen nicht nur der Verlust des kulturellen Verständnisses gehört, der sich in den Ausstellungskritiken widerspiegelt, sondern auch der Verlust des zivilisierten Lebens: Er wird Zeuge, wie sich ausgehungerte Menschen auf der Straße um das Fleisch toter Pferde balgen. Wie soll hier je wieder die Kultur erblühen? Deprimiert äußert Lehmbruck während des Spaziergangs sogar die Überlegung, nach Indien auszuwandern: „Bücher, die ich über die Himalaja-Höhlen und die Fakire dort und über die Buddhistischen Heiligen las –, haben in mir die Sehnsucht geweckt, auch in solch kleiner Hütte, oder in

Eines Abends fand ich ihn im Zwielicht zwischen seinen langgestreckten […] Schöpfungen. Die Lippen hatte er zusammengepreßt – sein Auge war voll Grauen. […] Auf seiner Stirn unter dem braunen welligen Haar bemerkte ich Angstschweiß. […] ‚Ja, ja, die gemordeten Seelen!', stöhnte er vor sich hin –‚Darüber nachzudenken – denn trotz Freud – was meinen Sie? Es gibt doch so etwas wie eine Seele – ?

Fritz von Unruh in: „Wilhelm Lehmbruck. Erinnerungen zum zehnten Todestag", *Berliner Tageblatt*, 23. März 1929 'ner Höhle leben und meditieren zu können. Man hört dann nur das Brüllen der Tiger, oder sieht Bären vorbeitrotten und die Schneegipfel des Himalaja leuchten nachts unter den Sternen [...]'" Fritz von Unruh spürt, dass Lehmbruck dringend eine Auszeit von Berlin braucht, wo sich das politische mit dem persönlichen Trauma – die Kriegsfolgen und die auf Distanz bleibende Elisabeth Bergner – mischen. So lädt er ihn spontan ein, mit ihm und Friederike am kommenden Tag ins Engadin zu reisen. Als sich die beiden Männer verabschieden, drückt Lehmbruck ihm zum Abschied lange die Hand.

ERLÖSUNG IM TOD

Am nächsten Morgen erscheint er nicht, wie verabredet, am Anhalter Bahnhof. Auch Fritz von Unruhs Telegramme an Lehmbrucks Berliner Adresse bleiben unbeantwortet. Ebenso wie der Brief der Preußischen Akademie der Künste, der an Lehmbrucks Züricher Adresse geschickt wird und ihm zuletzt doch eine offizielle Anerkennung zuteilwerden lässt: Er enthält die Mitteilung, dass Lehmbruck am 24. Januar 1919 zusammen mit Ernst Barlach, Käthe Kollwitz und anderen zum Mitglied der Preußischen Akademie der Künste ernannt wurde. Lehmbruck erhält die Nachricht zwar, da sie auch in der Berliner Tagespresse bekanntgegeben wird, aber sie erscheint ihm zu diesem Zeitpunkt schon „nicht [mehr] so wichtig", wie er Dr. Bloch am 10. Februar 1919 in seinem letzten Brief mitteilt. Am 25. März 1919, einem Dienstag vier Tage nach Frühlingsanfang, setzt er seinem Leben ein Ende. Er öffnet die Gashähne in seinem Berliner Atelier. Es ist der „Tag der Ankündigung der Geburt des Herrn". Wilhelm Lehmbruck wählt ihn zu seiner persönlichen Erlösung.

Drei Tage später findet man ihn beim Aufbrechen der Tür tot zwischen seinen Skizzenmappen. Als Anita Lehmbruck die Nachricht vom tragischen Tod ihres Mannes erhält, reist sie sofort nach Berlin. Sie kann nur wenige Tage bleiben, denn in Zürich warten ihre Kinder; das jüngste, Guido, ist erst zwei Jahre alt. Die Auflösung von Atelier und Wohnung übernimmt Lehmbrucks Förderer, Sammler und Biograf Paul Westheim. Lehmbrucks plötzlicher Tod schockiert auch die Kunstwelt! Käthe Kollwitz notiert am 31. März 1919 in ihr Tagebuch: „Soeben lese ich, daß Lehmbruck sich getötet hat [...]. Es muß denn sein, daß er als Künstler gebrochen war." Der Literat Hans Bethge, mit dem Lehmbruck seit vielen Jahren befreundet war, hält bei Lehmbrucks Beerdigung auf dem Zwölf-Apostel-Friedhof in Berlin-Schöneberg am 4. April 1919 die Grabrede. Er findet liebevolle, passende Worte: „Du warst ein einsamer Mensch, immer kämpfend und nach dem Höchsten strebend. Du hast mit deinen Gesichten [sic!] gerungen, wie nur ein Künstler es tut, dem die Gestaltung der Oberfläche nicht genügt, sondern der den Dingen bis zu ihren letzten, geheimnisvollen, ins Göttliche verankerten Wurzeln nachgeht. [...] Ja, Deine Werke sind [...] von einer [...] inneren Wahrhaftigkeit, deshalb werden sie auch bestehen bleiben über die Zeit hinaus, in der sie entstanden sind." Nach Anitas Tod im Jahr 1961 wird Lehmbruck exhumiert und zusammen mit ihr auf dem Waldfriedhof in Duisburg in einem Ehrengrab der Stadt beigesetzt.

* **DADA-BEWEGUNG** *Die Dada-Bewegung bzw. der Dadaismus wurde 1916 in Zürich von den Literaten und Künstlern Hugo Ball (1866–1927), Emmy Hennings (1885–1948), Tristan Tzara (1896–1963), Richard Huelsenbeck (1892–1974), Marcel Janco (1895–1984) und Hans Arp (1886–1966) ins Leben gerufen. Die Gruppe, die sich in der Künstlerkneipe Cabaret Voltaire traf, lehnte bürgerliche Ideale und konventionelle Kunstformen radikal ab. Sie parodierten sie mit Polemik, Satire und mit bis ins Exzentrische gesteigerten Übertreibungen.*

---

* **FREIE SECESSION** *1898 hatte sich die Künstlergruppe Berliner Secession als Gegenpol zum akademischen Kunstbetrieb gegründet. Da sie sich bald von einer Gegenbewegung zur anerkannten Größe des Kunstbetriebs entwickelte, spaltete sich 1914 unter Führung von Max Liebermann wiederum die Künstlergruppe Freie Secession ab, die zehn Jahre bestehen sollte. Mitglieder waren u. a. Wilhelm Lehmbruck (1881–1919), Ernst Barlach (1870–1938), Max Beckmann (1884–1950), Käthe Kollwitz (1867–1945), Karl Schmidt-Rottluff (1884–1976) und Henry van de Velde (1863–1957).*

---

* **KALTNADELRADIERUNG** *Bei der Kaltnadel-Radierung handelt es sich um ein grafisches Tiefdruckverfahren. Die Zeichnung wird dabei nicht in die Kupferplatte eingeätzt, sondern direkt mit einer Radiernadel in das Kupfer eingeritzt. „Kalt" meint hier die manuelle Verformung des Materials mittels der Radiernadel – im Gegensatz zur „warmen" chemischen Reaktion beim Ätzen.*

---

* **KUNSTGEWERBESCHULE DÜSSELDORF** *Die Kunstgewerbeschule Düsseldorf, die am 3. April 1883 eröffnet wurde, hatte ihre Ausbildungsschwerpunkte in den Bereichen Angewandte Kunst und Architektur. Der Unterricht umfasste Freihandzeichnen, geometrisches Zeichnen und ornamentale Formenlehre. Ihre Blütezeit erlebte die Kunstgewerbeschule zwischen 1903 und 1907 unter der Leitung von Peter Behrens. 1918 wurde sie aufgelöst.*

---

* **LITHOGRAFIE** *Die Lithografie ist das älteste Flachdruckverfahren. Ihre Technik basiert auf der Abstoßung zwischen Wasser und Fett. Das Motiv wird mit fetthaltiger Kreide auf einen Kalkstein aufgebracht, der anschließend angefeuchtet und mit fetthaltiger Farbe bestrichen wird, sodass er im Druck nur die Zeichnung wiedergibt.*

* **READYMADE** *Readymade bezeichnet einen industriell in Serie hergestellten Alltagsgegenstand, der im vorgefundenen Zustand zum Kunstwerk erklärt oder in eines integriert wird. Das künstlerische Konzept beruht allein auf der Auswahl des betreffenden Objekts. Marcel Duchamp gilt mit seinem* Fahrrad-Rad *von 1913 als Begründer des Readymade.*

* **SALON D'AUTOMNE** *Der Pariser Salon d'automne (Herbstsalon) wurde 1903 ebenfalls in Reaktion auf die restriktiven Vorschriften des offiziellen Salons gegründet. Er findet bis heute jährlich statt und entwickelte sich rasch zur Bühne für die Avantgardekunst. Die Initiatoren waren u. a. der belgische Architekt, Autor und Kunstsammler Frantz Jourdain (1847–1935), der französische Architekt Hector Guimard (1867–1942) und die Maler Eugène Carrière (1849–1906), Félix Vallotton (1865–1925) und Édouard Vuillard (1868–1940).*

* **SOCIÉTÉ NATIONALE DES BEAUX-ARTS** *Die Société nationale des beaux-arts gründete sich 1861 in Paris in Abgrenzung zum offiziellen Salon, von dessen strikten Vorschriften sie die Kunst befreien wollte. 1864 löste sich die Société auf, wurde 1890 aber durch den Maler und Bildhauer Ernest Meissonier (1815–1891) wiederbelebt. Unter ihm wurden die bis heute stattfindenden jährlichen Ausstellungen eingeführt.*

* **VEREIN DER DÜSSELDORFER KÜNSTLER ZUR GEGENSEITIGEN UNTERSTÜTZUNG UND HILFE** *Der 1844 von Mitgliedern der Düsseldorfer Malerschule gegründete Verein gehört zu den ältesten Künstlerorganisationen Deutschlands. Er engagiert sich bis heute für die Künstler der Stadt.*

Literatur

Bornscheuer, Marion: „‚Es handelt sich um eine grosse Idee, die wir gemeinsam haben.' Die Lehmbruck-Sammlung in Duisburg", in: *Eine große Idee. 50 Jahre Lehmbruck Museum*, hrsg. von Söke Dinkla, bearb. von Marion Bornscheuer und Guido Meincke, Duisburg, Köln 2014

Bornscheuer, Marion: „‚O Gott ist denn immer noch Krieg?' Wilhelm Lehmbruck und der Erste Weltkrieg", in: *Bildhauer sehen den Ersten Weltkrieg*, hrsg. von Ursel Berger, Gudula Mayr und Veronika Wiegartz, Bremen 2014, S. 127–141

Händler, Gerhard: *Wilhelm Lehmbruck. Die Zeichnungen der Reifezeit*, Stuttgart 1985

Hoff, August: *Wilhelm Lehmbruck. Seine Sendung und sein Werk*, Berlin 1936

Lahusen, Margarita C.: *Wilhelm Lehmbruck. Gemälde und großformatige Zeichnungen*, München 1997

Petermann, Erwin: *Die Druckgraphik von Wilhelm Lehmbruck*, Stuttgart 1964

Schubert, Dietrich: *Die Kunst Lehmbrucks*, Worms 1991

Schubert, Dietrich: *Wilhelm Lehmbruck. Büste des Emporsteigenden Jünglings*, in: Texte zu Werken im Kunstmuseum Winterthur, hrsg. von Dieter Schwarz, Winterthur 1997

Schubert, Dietrich: *Wilhelm Lehmbruck. Catalogue raisonné der Skulpturen 1898–1919*, Worms 2001

Unruh, Fritz von: „Vortrag. Wilhelm Lehmbruck", in: *Sämtliche Werke*, hrsg. von Elster, Hanns Martin, Berlin 1979, Bd. 17, S. 426–427

Westheim, Paul: *Wilhelm Lehmbruck*, Potsdam, Berlin 1919

Wilhelm Lehmbruck, Duisburger Forschungen, Schriftenreihe für Geschichte und Heimatkunde Duisburgs, Bd. 13, hrsg. vom Stadtarchiv Duisburg in Verbindung mit der Mercator-Gesellschaft, Duisburg 1969

Wilhelm Lehmbruck, hrsg. von Martina Rudloff und Dietrich Schubert, Ausst.-Kat. Gerhard Marcks-Haus, Bremen; Georg-Kolbe-Museum, Berlin; Wilhelm Lehmbruck Museum, Duisburg; Städtische Kunst halle, Mannheim, Bremen 2000

Wilhelm Lehmbruck 1881–1919. Das plastische und malerische Werk. Gedichte und Gedanken, hrsg. von Christoph Brockhaus, bearb. von Katharina B. Lepper, Sammlungskatalog Stiftung Wilhelm Lehmbruck Museum – Zentrum internationaler Skulptur, Duisburg, Duisburg, Köln 2005

Wilhelm Lehmbruck. Retrospektive/Retrospective, hrsg. von Hans-Peter Wipplinger, Ausst.-Kat. Leopold Museum, Wien, Köln 2016

100 Jahre Kniende. Lehmbruck in Paris, hrsg. von Raimund Stecker und Marion Bornscheuer, Ausst.-Kat. Lehmbruck Museum, Duisburg, Duisburg, Köln 2011

Konzeption der kleinen Reihe
Martina Padberg

Verlagslektorat
Şebnem Yavuz

Verlagsredaktion
Rosa Baumgartner

Satz und Gestaltung
Christian Padberg

Gesamtherstellung
Wienand Verlag

Printed in Germany

Erschienen im
Wienand Verlag
www.wienand-verlag.de
Weyertal 59, 50937 Köln

ISBN 978-3-86832-388-7

Umschlagabbildungen
Einband: Wilhelm Lehmbruck, *Der Gestürzte*, 1915; Vorsatz: *Betende*, 1918; Hinterer Vorsatz: *Mutter und Kind*, 1907

Bibliografische Information der Deutschen Nationalbibliothek

Die Deutsche Nationalbibliothek verzeichnet diese Publikation in der Deutschen Nationalbibliografie; detaillierte bibliografische Daten sind im Internet über http://dnb.de abrufbar.

Für die freundliche Unterstützung danken wir dem

Lehmbruck Museum, Duisburg

Bild- und Fotonachweis
Lehmbruck Museum, Foto: Bernd Kirtz: Umschlag, S. 13, 15, 17, 18, 19, 26, 27, hinterer Vorsatz, 33, 34, 35, 41, 45, 53 links, 54/55, 57, 76; Archiv Lehmbruck Museum: S. 6; Archiv Lehmruck Museum, Fotograf unbekannt: S. 8, 9, 10, 28, 46, 83, 85; Privatsammlung, Foto: Bernd Kirtz: S. 12, 75; Lehmbruck Museum, Foto: Jürgen Diemer: S. 22; Nachlass Erich Heckel, Hemmenhofen, akg-images: S. 30; Bundesarchiv, Bild 102-08321, Fotograf: Georg Pahl: S. 31; Lehmbruck Museum, Foto: Tomas Riehle: S. Vorsatz, 37, 53 rechts, 71; Lehmbruck Museum, Foto: Octavian Beldiman: S. 40, 52 links, 60, 68, 74, 77; © Pablo Picasso / VG Bild-Kunst, Foto: akg-images / Erich Lessing: S. 43 links; Lehmbruck Museum, Foto: Bernd Kirtz: S. 43 rechts; Foto: akg-images: S. 52, rechts; Lehmbruck Museum, Foto: Dagmar Grauel-Korn: S. 59; Lehmbruck Museum, Foto: Dejan Sarić: S. 66; Privatsammlung, Fotograf unbekannt: S. 67; Lehmbruck Museum, Foto: Lehmbruck Museum: S. 70; Courtesy Galerie EIGEN + ART Leipzig/Berlin und Pace Gallery, © VG Bild-Kunst 2018, Foto: Dejan Saric: S. 80; Foto: Bernd Kirtz: S. 81; Fotograf unbekannt: S. 85

Wienand-Publikationen werden weltweit in führenden Buchhandlungen und Museumsshops angeboten (Vertrieb in Europa, Asien, Nord- und Südamerika).

WIENAND[S]
KLEINE REIHE
DER KÜNSTLER-
BIOGRAFIEN

96 Seiten
12,95 €

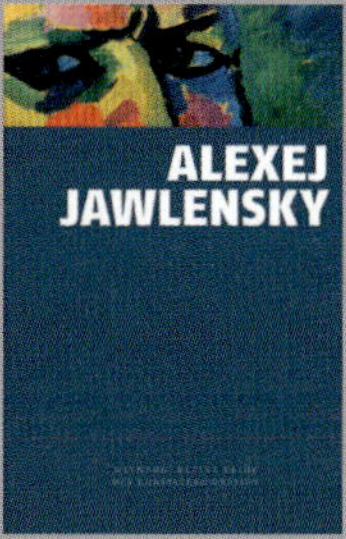

978-3-86832-286-6

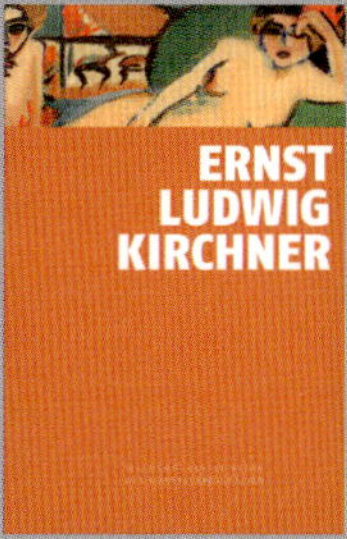

978-3-86832-389-4

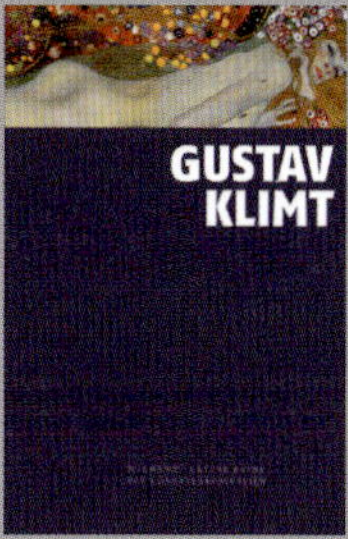

978-3-86832-387-0

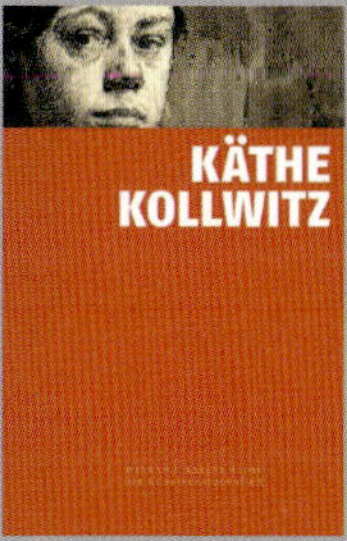

978-3-86832-285-9

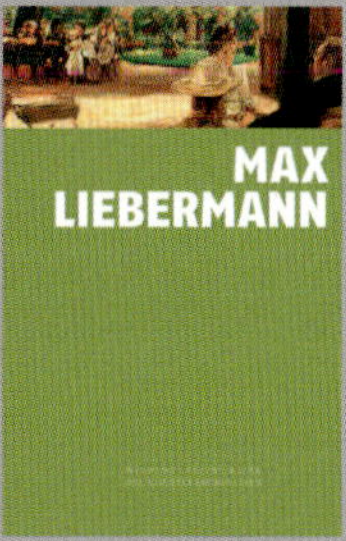

978-3-86832-373-3

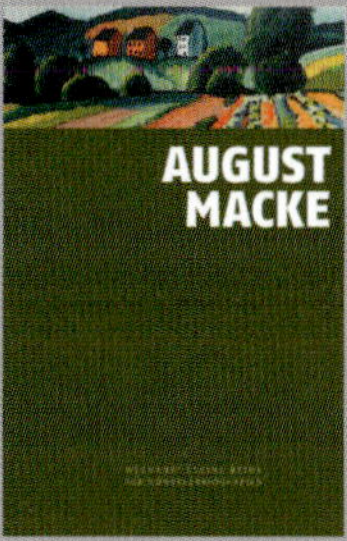

978-3-86832-208-8

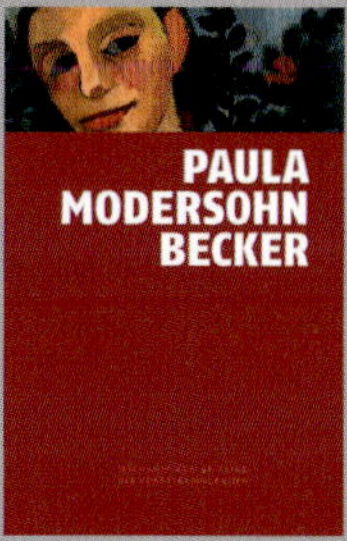

978-3-86832-210-1

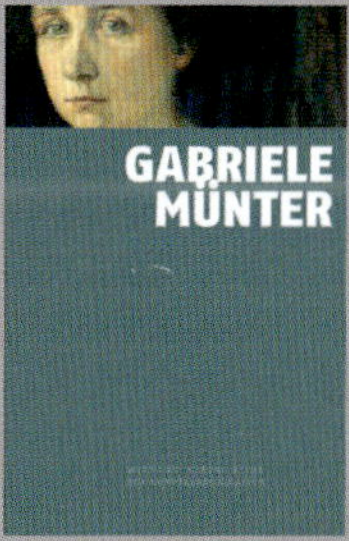

978-3-86832-372-6

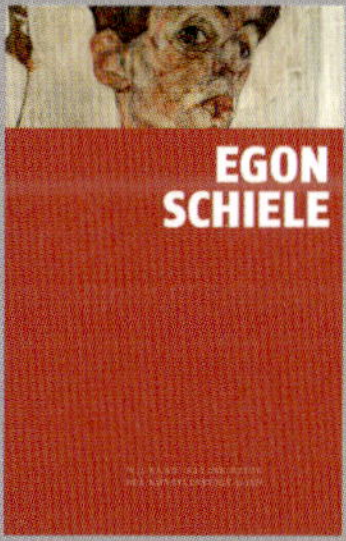

978-3-86832-374-0

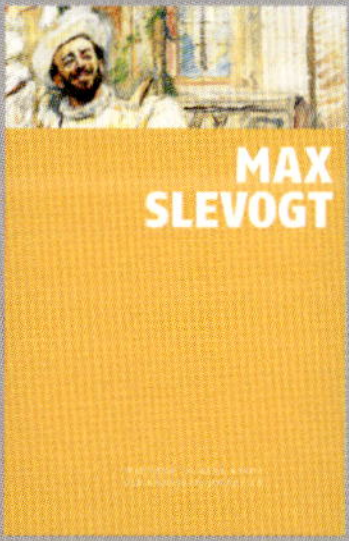

978-3-86832-442-6

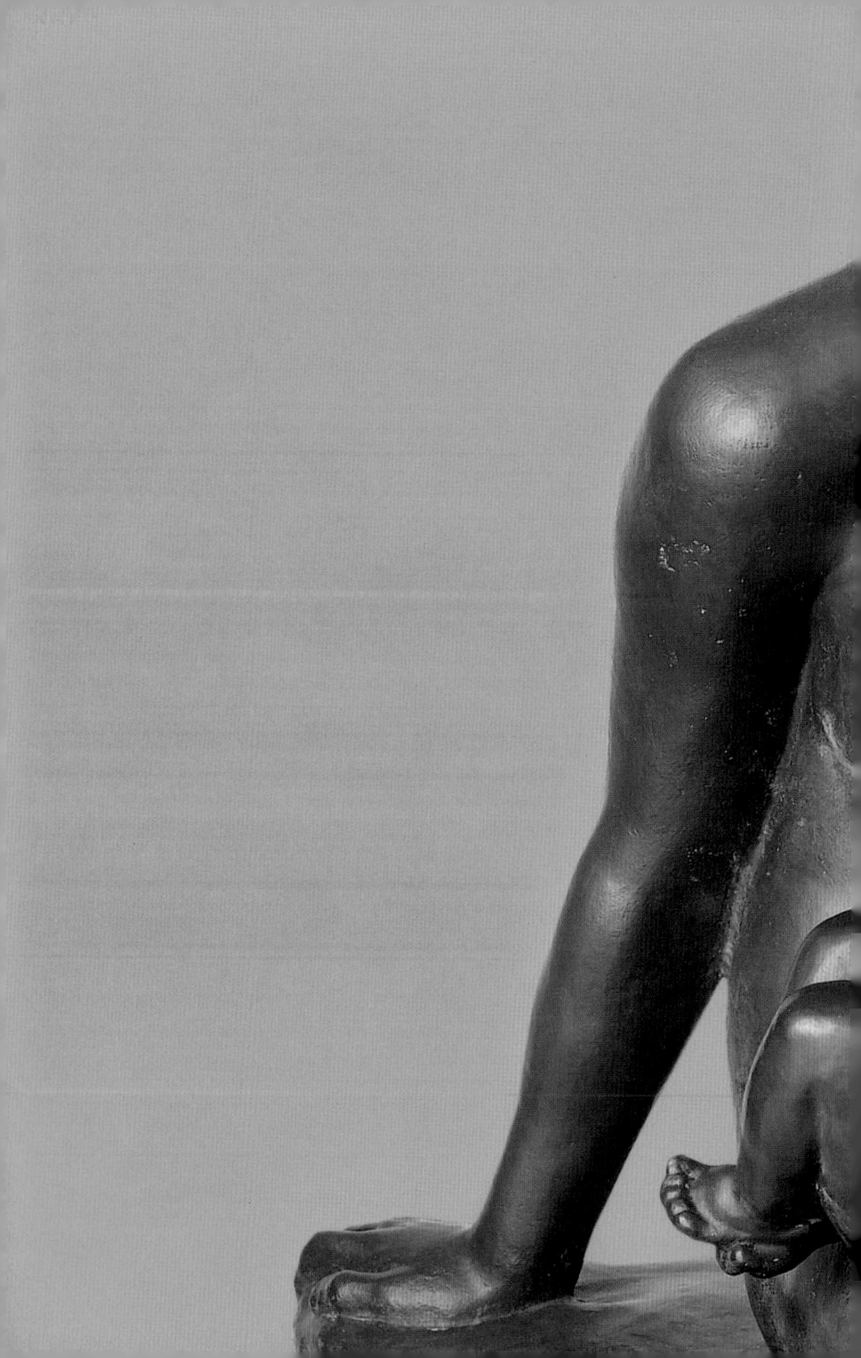